BIO*skop*

Baden-Württemberg 2

Herausgeber

Rainer Hausfeld

Wolfgang Schulenberg

Autoren

Ingrid Abenthum-Glaser

Harald Glaser

Rainer Hausfeld

Mariela Kalkhake

Daniel Klaßen

Joachim Kühmstedt

Martin Ratermann

Anja Renken-Abken

Eckhart Schröder

Wolfgang Schulenberg

Franz Stoppel

Henning Teschner

westermann

Druck A[1] Jahr 2011
Alle Drucke der Serie A sind im Unterricht parallel verwendbar.

Redaktion: Heidrun Kiene
Herstellung: Jennifer Kirchhof
Satz und Grafik Partner GmbH, Meitingen
Umschlaggestaltung: Jennifer Kirchhof
Typographie: Andrea Heissenberg
Druck und Bindung: westermann druck GmbH, Braunschweig

ISBN 978-3-14-**150637**-2

Inhaltsverzeichnis

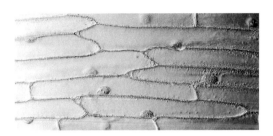

Stoffwechsel des Menschen

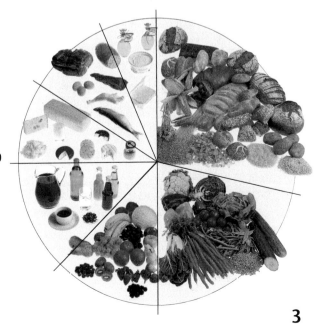

Sexualerziehung

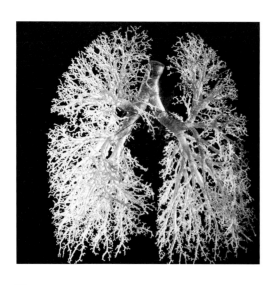

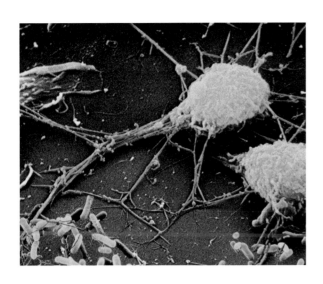

Sucht

Immunbiologie

Arbeiten mit biologischen Prinzipien

Unter biologischen Prinzipien versteht man grundlegende Erkenntnisse der Wissenschaft Biologie. Biologische Prinzipien sind biologische Grundsätze. Fast jedes Thema des Biologieunterrichts lässt sich einem oder mehreren biologischen Prinzipien zuordnen. Wenn man regelmäßig Themen aus dem Biologieunterricht den biologischen Prinzipien zuordnet, entsteht im Laufe des Biologieunterrichts eine übersichtliche Struktur. Sie kann helfen, die vielen biologischen Sachverhalte miteinander zu verknüpfen und zu erklären.

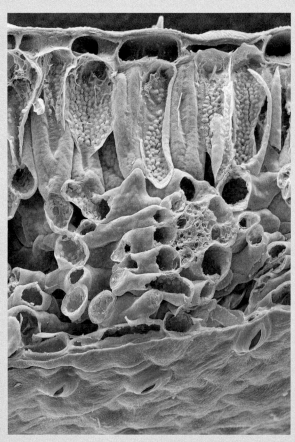

Biologisches Prinzip: Struktur und Funktion

Unter Struktur versteht man den Bau von Zellen, Organen, Organsystemen und von Lebewesen. Mit ihrem Bau sind Zellen, Organe, Organsysteme und Organismen an bestimmte Aufgaben (Funktionen) angepasst.

Zum Beispiel hat ein grünes Laubblatt einen bestimmten mikroskopisch sichtbaren Bau. Diesem Bau entspricht unter anderem die Funktion, mit Hilfe des Blattgrüns (Chlorophyll) Fotosynthese durchzuführen. Dabei werden Licht, Kohlenstoffdioxid und Wasser benötigt und Glucose hergestellt.

Biologisches Prinzip: Energieumwandlung

Die Aufnahme, Umwandlung und Abgabe von Stoffen nennt man Stoffwechsel. Energie ist für alle Lebensvorgänge notwendig. Energie tritt in verschiedenen Formen auf, zum Beispiel Lichtenergie, chemische Energie, Bewegungsenergie und Wärme. Lebewesen sind Energiewandler, sie können bestimmte Formen von Energie in andere Formen von Energie umwandeln. Die Fotosynthese ist ein Stoffwechselprozess, bei dem grüne Pflanzen Lichtenergie in die chemische Energie der Glucose umwandeln. Bei der Zellatmung von Menschen, Tieren und Pflanzen wird unter Beteiligung von Sauerstoff Glucose vollständig abgebaut. Dabei wird Energie frei, die für alle Lebensvorgänge eines Organismus genutzt werden kann.

Bei sportlichen Aktivitäten benötigen unter anderem die Muskeln mehr Energie für ihre Bewegungen. Durch häufigeres und tieferes Einatmen und durch einen beschleunigten Blutkreislauf erhalten die Muskeln mehr Sauerstoff und Glucose.

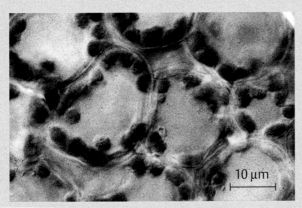

10 µm

Biologisches Prinzip:
Zelluläre Organisation

Alle Lebewesen sind aus Zellen aufgebaut. Alle Zellen haben eine Reihe von Gemeinsamkeiten. Dazu gehört unter anderem, dass Zellen durch Teilung aus anderen Zellen hervorgehen. Im Zellkern befindet sich die Erbinformation. Zellen benötigen Energie. Jede Zelle wird von einer Membran umgeben, durch die Stoffe aufgenommen und abgegeben werden.

Pflanzenzellen besitzen zusätzlich zur Zellmembran eine Zellwand, die der Zelle Stabilität verleiht. Grüne Pflanzenzellen enthalten Chloroplasten, in denen die Fotosynthese stattfindet.

Biologisches Prinzip:
Information und Kommunikation

Lebewesen nehmen mit ihren Sinnesorganen Informationen aus ihrem Körper und ihrer Umwelt auf. Die Informationen werden verarbeitet und können Einfluss darauf haben, was ein Lebewesen tut und wie es sich verhält. Lebewesen zeigen angeborene und erlernte Verhaltensweisen. Lebewesen können untereinander Informationen austauschen und sich verständigen (kommunizieren).

In einer Partnerschaft ist eine ehrliche, von gegenseitigem Wohlwollen getragene Kommunikation wichtig. Liebe zwischen zwei Menschen kann Bestand haben, wenn die beiden Partner Achtung und Vertrauen zueinander entwickeln und Verständnis für Wünsche und Bedürfnisse des anderen haben.

Biologisches Prinzip: Reproduktion

Lebewesen pflanzen sich fort. Aus der befruchteten Eizelle entstehen durch Zellteilungen erbgleiche Tochterzellen. Das Wachstum von Lebewesen ist eine Folge fortgesetzter Zellteilungen. Die meisten Lebewesen entwickeln sich im Laufe ihres Lebens und verändern sich dabei.

Mit Pubertät bezeichnet man einen Entwicklungsabschnitt mit vielen seelischen und körperlichen Veränderungen. Im Verlauf der Pubertät werden Jungen und Mädchen geschlechtsreif.

7

Aufgaben richtig verstehen

ableiten	aus Sachverhalten sachgerechte Folgerungen ziehen
analysieren	aus einem Sachverhalt auf eine bestimmte Fragestellung hin wichtige Bestandteile herausarbeiten
auswerten	vorgegebene Daten, einzelne Ergebnisse oder Sachverhalte in einen Zusammenhang stellen
begründen	einen vorgegebenen Sachverhalt auf seine Ursachen oder Gesetzmäßigkeiten zurückführen
beschreiben	Strukturen, Merkmale oder Sachverhalte mit eigenen Worten wiedergeben
beobachten	aufmerksame Betrachtung eines Vorgangs mit dem Ziel, entsprechend einer vorgegebenen Fragestellung bestimmte Informationen zu erhalten
beurteilen	zu einem vorgegebenen Sachverhalt ein eigenständiges, sachlich begründetes Urteil formulieren
bewerten	einen vorgegebenen Sachverhalt oder die Handlung eines Menschen mit nachvollziehbaren Wertvorstellungen beurteilen
darstellen	Sachverhalte in gegliederter Form wiedergeben.
diskutieren (erörtern)	zu einem vorgegebenen Thema oder Sachverhalt Argumente aus verschiedenen Standpunkten gegeneinander abwägen
erklären	einen Sachverhalt erläutern und begründen
erläutern	einen Sachverhalt veranschaulichen und verständlich machen
Hypothese entwickeln	eine begründete Vermutung auf der Grundlage von Beobachtungen, Experimenten oder Sachaussagen formulieren
interpretieren (deuten)	aus vorgegebenen Sachverhalten fachliche Zusammenhänge entsprechend der jeweiligen Aufgabenstellung herausarbeiten und darstellen
nennen	Eigenschaften, Sachverhalte oder Begriffe ohne Erläuterungen aufzählen
protokollieren	Beobachtungen oder die Durchführung von Experimenten genau und in gegliederter Form wiedergeben
skizzieren	das Wesentliche eines Sachverhalts in übersichtlicher Form grafisch darstellen
Stellung nehmen	zu einem Sachverhalt oder einer Aussage, die nicht eindeutig ist, nach sorgfältigem Abwägen ein begründetes Urteil abgeben
überprüfen	Daten oder Aussagen an Fakten und logischen Gesichtspunkten messen und eventuelle Fehler oder Widersprüche aufdecken
vergleichen	Gemeinsamkeiten und Unterschiede ermitteln
zeichnen	eine möglichst exakte grafische Darstellung anfertigen
zusammenfassen	das Wesentliche in knapper Form herausstellen

1 *Eine Auswahl häufiger Arbeitsanweisungen und die Beschreibung der erwarteten Leistung*

Im Unterricht, zu Hause oder bei schriftlichen Leistungsüberprüfungen werden Aufgaben bearbeitet. Sie beinhalten immer eine oder mehrere Arbeitsanweisungen.

Um Aufgaben richtig zu verstehen, ist es notwendig, die Bedeutung der verschiedenen Arbeitsanweisungen zu kennen. In Abbildung 1 sind häufige Arbeitsanweisungen zusammengestellt und die jeweils erwartete Leistung beschrieben.

1 **Aufgaben mit passenden Arbeitsanweisungen erstellen.** Die Abbildungen auf dieser Seite stellen bestimmte biologische Sachverhalte dar. Erstelle zu jeder Abbildung Vorschläge für eine oder mehrere Aufgaben mit den dazu passenden Arbeitsanweisungen aus Abbildung 1. Gib an, welche Lösung du zu der jeweiligen Aufgabenstellung erwartest. Diskutiert eure Vorschläge.

2 *Rotbuche und Stieleiche*

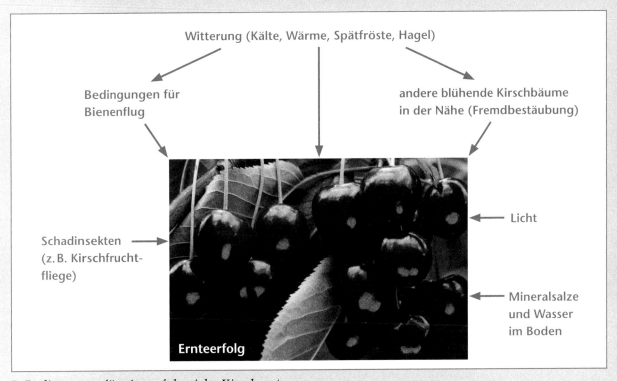

Witterung (Kälte, Wärme, Spätfröste, Hagel)

Bedingungen für Bienenflug

andere blühende Kirschbäume in der Nähe (Fremdbestäubung)

Schadinsekten (z. B. Kirschfruchtfliege)

Licht

Mineralsalze und Wasser im Boden

Ernteerfolg

3 *Bedingungen für eine erfolgreiche Kirschernte*

Wassertemperatur	Kiemendeckel-Bewegungen pro Minute			
	Tag 1	Tag 2	Tag 3	Tag 4
10 °C	36	40	43	38
15 °C	52	58	63	55
20 °C	71	80	87	75
25 °C	106	115	123	110

4 *Kiemendeckel-Bewegungen eines Goldfisches, der am Tag 1 der viertägigen Versuchsreihe in Wasser mit der angegebenen Temperatur gesetzt wurde*

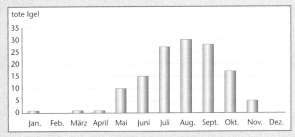

5 *Igel als Verkehrsopfer in einem bestimmten Gebiet im Verlauf eines Jahres*

9

Zellen und Fotosynthese

1 Zellen

1.1 Pflanzen- und Tierzellen

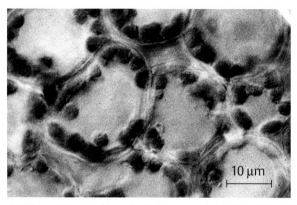
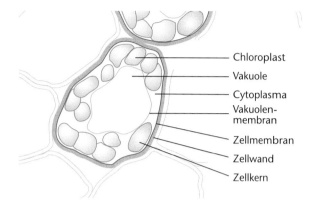

Chloroplast
Vakuole
Cytoplasma
Vakuolen-
membran
Zellmembran
Zellwand
Zellkern

10 µm

1 *Pflanzliche Zellen der Nieswurz im lichtmikroskopischen Bild und als Schemazeichnung*

Eine **Pflanzenzelle** besitzt eine Zellwand (Abb. 1). Sie ist fest, besteht aus Zellulose und gibt der Zelle ihre Stabilität. Der Zellwand liegt innen die Zellmembran an. Durch Zellwand und Zellmembran findet der Stoffaustausch zwischen benachbarten Zellen statt. Im Inneren der Pflanzenzelle befindet sich eine dickflüssige Masse, das Cytoplasma. Hier findet eine Vielzahl an Stoffwechselvorgängen statt. Cytoplasmastränge durchziehen die Zellwand und sorgen auf diese Weise für zahlreiche Verbindungen zwischen benachbarten Zellen. Im Cytoplasma finden sich außerdem noch weitere, unterschiedlich geformte Strukturen. Unter dem Lichtmikroskop ist der Zellkern erkennbar. Er enthält die Erbinformationen in Form von DNA und ist von einer eigenen Membran umgeben. Der Zellkern steuert die Lebensvorgänge der Zelle. Bei vielen Pflanzenzellen befindet sich der Zellkern ganz nah an der Zellmembran. Der Grund dafür ist die Vakuole, die den Großteil einer Pflanzenzelle einnimmt und das Zellplasma mit den anderen Zellbestandteilen an die Zellwand drückt. Die Vakuole ist ebenfalls von einer eigenen Membran umgeben und enthält größtenteils Wasser, in dem z. B. Farbstoffe eingelagert sind. Die Vakuole ist für den Wasserhaushalt der Zelle und für die Stoffspeicherung zuständig. Ebenfalls charakteristisch für die Pflanzenzelle sind die Chloroplasten, in denen sich das Chlorophyll befindet. Sie sind der Ort der Fotosynthese.

In einer **Tierzelle** sind nur relativ wenige Strukturen zu erkennen (Abb. 2). Das von der Zellmembran umgebene Cytoplasma beinhaltet den meist zentral gelegenen Zellkern. Tierische Zellen sind nicht von einer Zellwand umgeben.

Alle Zellen haben folgende Gemeinsamkeiten:
– Zellen gehen durch Teilung aus anderen Zellen hervor.
– Im Zellkern der Zellen befindet sich die Erbinformation in Form von DNA.
– Zellen benötigen Energie.
– Zellen sind von einer Membran umgeben, durch die Stoffe aufgenommen und abgegeben werden. Dieser Stoffaustausch vollzieht sich über die ganze Zelloberfläche.
– Zellen wandeln Stoffe um. Sie verwerten die Nährstoffe Proteine, Fette und Kohlenhydrate zum Aufbau körpereigener Stoffe und zur Energiebereitstellung.

1838 wiesen der deutsche Zoologe THEODOR SCHWANN und der Botaniker JAKOB MATTHIAS SCHLEIDEN endgültig den zelligen Aufbau bei Pflanzen und kurze Zeit später auch bei Tieren nach. Die von ihnen stammende Aussage, dass alle Lebewesen aus Zellen bestehen, hat auch heute noch Gültigkeit.

12

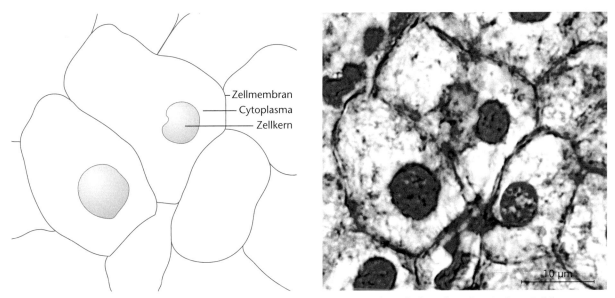

2 *Tierische Zellen (Leberzelle, gefärbt) als Schemazeichnung und im lichtmikroskopischen Bild*

1 **Tier- und Pflanzenzelle.** Betrachte die Pflanzen- und Tierzellen in den Abbildungen 1 und 2. Erstelle eine Tabelle mit Gemeinsamkeiten und Unterschieden von Tier- und Pflanzenzelle.

2 **Abbildungen von Tier- und Pflanzenzellen.**
a) Übertrage die Zeichnungen aus Abbildung 3 in dein Heft und ersetze die Ziffern durch eine Beschriftung.

b) Entscheide, bei welchen Zellen es sich um Pflanzenzellen, bei welchen Zellen es sich um Tierzellen handelt. Begründe deine Entscheidung.

3 **Größe von Zellen.**
a) Bestimme die Oberfläche, das Volumen und das Verhältnis zwischen Oberfläche und Volumen der Würfel in Abbildung 4.
b) Jeder Ort in der Zelle muss mit Stoffen versorgt werden. Stelle

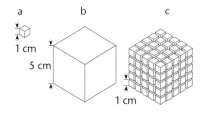

4 *Verschiedene Würfel*

mithilfe der Grundwissenseite und deinen Berechnungen begründete Hypothesen auf, warum Zellen so klein sind.

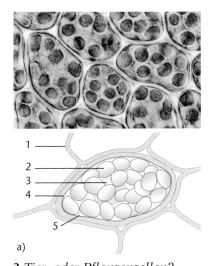

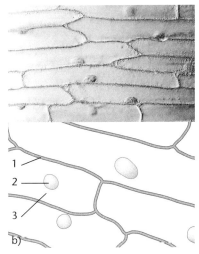

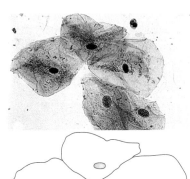

a)

b)

c)

3 *Tier- oder Pflanzenzellen?*

Mikroskopieren

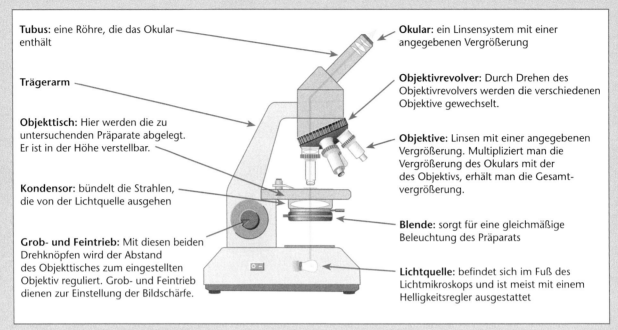

Tubus: eine Röhre, die das Okular enthält

Trägerarm

Objekttisch: Hier werden die zu untersuchenden Präparate abgelegt. Er ist in der Höhe verstellbar.

Kondensor: bündelt die Strahlen, die von der Lichtquelle ausgehen

Grob- und Feintrieb: Mit diesen beiden Drehknöpfen wird der Abstand des Objekttisches zum eingestellten Objektiv reguliert. Grob- und Feintrieb dienen zur Einstellung der Bildschärfe.

Okular: ein Linsensystem mit einer angegebenen Vergrößerung

Objektivrevolver: Durch Drehen des Objektivrevolvers werden die verschiedenen Objektive gewechselt.

Objektive: Linsen mit einer angegebenen Vergrößerung. Multipliziert man die Vergrößerung des Okulars mit der des Objektivs, erhält man die Gesamtvergrößerung.

Blende: sorgt für eine gleichmäßige Beleuchtung des Präparats

Lichtquelle: befindet sich im Fuß des Lichtmikroskops und ist meist mit einem Helligkeitsregler ausgestattet

1 *Aufbau des Lichtmikroskops*

1. Beim Transport greift eine Hand unter das Mikroskop, die andere Hand an den Trägerarm.

2. Drehe zu Beginn des Mikroskopierens den Objekttisch ganz nach unten und stelle das Objektiv mit der kleinsten Vergrößerung ein.

3. Lege das Präparat auf den Objekttisch.

4. Verringere durch Drehen des Grobtriebs den Abstand zwischen Objektiv und Präparat. Erhältst du ein scharfes Bild, kannst du mit dem Feintrieb die Feineinstellung vornehmen.

5. Achte darauf, dass sich Objektiv und Präparat nicht berühren.

6. Sorge durch Regulierung der Blende für eine gleichmäßige Ausleuchtung des Bildes.

7. Zeichne mit Bleistift. Öffne beim Mikroskopieren beide Augen. Mit dem einen Auge schaust du durch das Okular, mit dem anderen Auge auf das Zeichenpapier.

8. Hast du das Mikroskopieren beendet, stelle wieder die kleinste Vergrößerung ein.

2 *Regeln für das Mikroskopieren und Zeichnen*

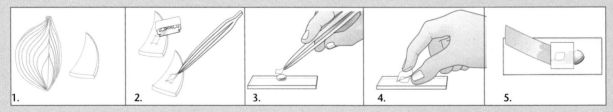

3 *Präparation von Zwiebelzellen*

1 Mikroskopieren von Zwiebelzellen.

Material: Mikroskop, Messer, Küchenzwiebel, Rasierklinge, Pinzette, Pipette, Objektträger, Deckgläschen, Filterpapier, Methylenblau (F)

Durchführung (Abb. 3):

1. Schneide die Zwiebel längs durch und die entstehenden Hälften in zwei Viertel. Löse anschließend vorsichtig eine Schuppe heraus.
2. In der Innenseite der Schuppe befindet sich ein mattes, transparentes Häutchen. Schneide mit einer Rasierklinge ein kleines Viereck hinein und löse es mit der Pinzette vorsichtig ab.
3. Lege das Zwiebelhäutchen in einen Tropfen Wasser auf dem Objektträger.
4. Lasse nun ein Deckgläschen schräg auf das Zwiebelhäutchen sinken. Überschüssiges Wasser kannst du mit Filterpapier aufsaugen. Bei Wassermangel fügst du Wasser mit einer Pipette hinzu.
5. Färbe das Präparat mit Methylenblau an: Füge an den Rand des Deckgläschens einen Tropfen Methylenblau und sauge ihn mit einem Stück Filterpapier unter dem Deckgläschen hindurch.
6. Mikroskopiere bei verschiedenen Vergrößerungen und fertige eine Zeichnung (100fach) an.

2 Zellen unter verschiedenen Bedingungen.

Material: Rettich, verschiedene Früchte, Kochsalz, Zucker

Durchführung:

1. Schneide den Rettich an und gib auf die Schnittstelle Kochsalz. Bestreue die Früchte mit Zucker.
2. Beschreibe deine Beobachtungen und formuliere eine Problemfrage.
3. Stelle eine passende Hypothese auf und überprüfe sie mit dem folgenden Versuch.

Material: rote Zwiebel, Zuckerlösung, Kochsalzlösung, Mikroskop, Objektträger, Deckgläschen, Rasierklinge, Filterpapier, Pipetten, Pinzette, Messer

Durchführung:

1. Fertige ein Präparat der Zwiebelhaut wie in Aufgabe 1 an. Stelle einige der roten Zellen scharf ein (Abb. 4). Zeichne vier nebeneinander liegende Zellen.
2. Gib danach einen Tropfen Zuckerlösung rechts an das Deckgläschen und sauge mit dem Filter-

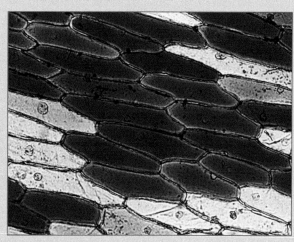

4 *Zellen der Roten Zwiebel*

papier von der linken Seite die Zuckerlösung unter das Deckgläschen. Zeichne die gleichen Zellen noch einmal. Beschreibe die Veränderungen. Beachte dabei die Zellwand und das Cytoplasma mit der umgebenden Membran.
3. Wiederhole den Versuch mit Kochsalzlösung. Beschreibe deine Beobachtungen und vergleiche sie mit den Beobachtungen bei der Zuckerlösung.
4. Deute die Beobachtungen und überprüfe, ob die oben aufgestellte Hypothese zutrifft. Erläutere die Vorgänge mit Hilfe des einfachen Teilchenmodells.
5. Deute auf der Grundlage deiner Erkenntnisse das Welken von Salat in Salatsoße und das Platzen von Kirschen bei Regen.

3 Mikroskopieren von Mundschleimhautzellen.

Material: Mikroskop, Zeichenpapier, Holzspatel, Pipette, Objektträger, Deckgläschen

Durchführung:

1. Gib einen Tropfen Wasser auf einen Objektträger.
2. Schabe nun mit einem sterilen Spatel etwas Schleimhaut von der Innenseite deiner Wange und übertrage sie in den Wassertropfen.
3. Verrühre die Schleimhautstückchen vorsichtig mit dem Spatel.
4. Verfahre dann wie bei den Zwiebelhautzellen.
5. Mikroskopiere und zeichne die Mundschleimhautzellen bei kleinster und dann mit steigender Vergrößerung.

15

1.2 Wachstum durch Zellteilungen

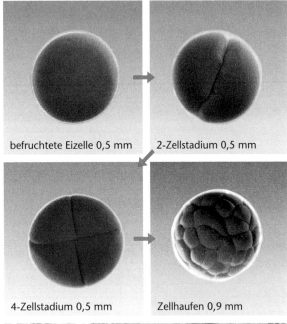

befruchtete Eizelle 0,5 mm

2-Zellstadium 0,5 mm

4-Zellstadium 0,5 mm

Zellhaufen 0,9 mm

Kaulquappe 1,7 cm

junger Grasfrosch 3 cm, ausgewachsen 8 cm

1 *Entwicklung des Grasfrosches*

Lebewesen bestehen aus Zellen. Alle Zellen eines Vielzellers stammen von der befruchteten Eizelle ab. Aus der befruchteten Eizelle entstehen zunächst durch Zellteilung zwei Zellen. Jede dieser Zellen teilt sich wiederum, so dass vier Zellen entstehen. Nach der nächsten Teilung sind dann acht Zellen vorhanden. Auf diese Weise entstehen durch viele weitere Teilungen Lebewesen mit vielen Millionen oder Milliarden Zellen (Abb. 1).

Die Erbinformationen einer Zelle befinden sich im Zellkern. Sie steuern die Lebensvorgänge in jeder Zelle. Diese Erbinformationen verdoppeln sich vor jeder Zellteilung. Bei der Zellteilung entstehen aus der Mutterzelle zwei identische Tochterzellen, die jeweils die gleichen Erbinformationen enthalten. Man spricht von **erbgleicher Zellteilung.** Auf diese Weise erhält jede Zelle eines Lebewesens die gleichen Erbinformationen wie die befruchtete Eizelle.

Das Zellplasma der Mutterzelle wird bei der Zellteilung auf die beiden Tochterzellen verteilt und jede Tochterzelle wird von einer eigenen Zellmembran umgeben (Abb. 2). Bei Pflanzenzellen wird zusätzlich um jede Tochterzelle eine Zellwand gebildet. Zunächst haben die beiden Tochterzellen zusammen das gleiche Volumen wie die Mutterzelle, da das vorhandene Cytoplasma auf beide Tochterzellen verteilt wurde. Später kommt es zu einer Volumenzunahme der Zellen, indem von den Zellen Wasser aufgenommen und neues Cytoplasma gebildet wird. **Wachstum** erfolgt also durch Zellteilung und anschließende Volumenzunahme der Zellen. Die Zellteilung ist immer die Voraussetzung für Wachstum.

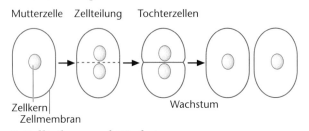

Mutterzelle   Zellteilung   Tochterzellen

Zellkern
Zellmembran

Wachstum

2 *Zellteilung und Wachstum*

16

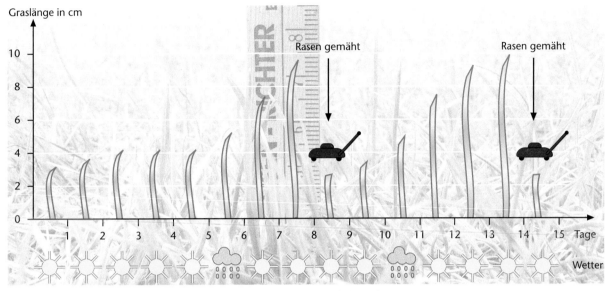

3 *Grashalmlänge im Rasen im Laufe von 15 aufeinanderfolgenden Tagen*

1 **Zellteilung bei Pflanzen.** Pflanzenzellen unterscheiden sich im Aufbau von Tierzellen. Zellteilung und Wachstum erfolgt aber identisch. Fertige entsprechend der Abb. 2 eine Skizze zur Zellteilung bei Pflanzen an.

2 **Entwicklung der Zellenanzahl.** Berechne die Anzahl der Zellen, die nach 10 Teilungen aus einer Zelle entstanden sind.
Stelle die Entwicklung in einem Diagramm dar.
Trage dazu auf der X-Achse die Anzahl der Teilungsschritte und auf der Y-Achse die Anzahl der Zellen auf. Wähle dazu einen geeigneten Maßstab.

3 **Grashalmlänge.**
a) Beschreibe das Diagramm in Abb. 3.
b) Begründe die Entwicklung der Grashalmlänge. Ziehe dabei die Folgen des Wetters in deine Überlegungen mit ein.

4 **Körpergröße und Gewicht.**
a) Vergleiche die Zunahme von Körpergröße und Gewicht mit zunehmenden Alter in Abb. 4.
b) Entwickle Vermutungen, die die unterschiedliche Entwicklung von Körpergröße und Gewicht erklären können.

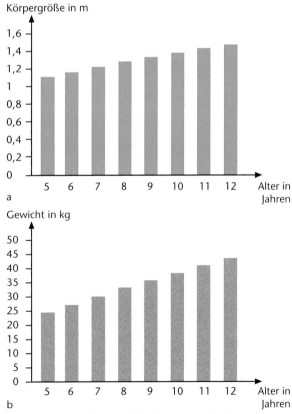

4 *a) Körpergröße und b) das Gewicht (Durchschnittswerte) von Jungen mit zunehmendem Alter*

17

1.3 Zelldifferenzierung

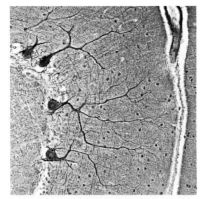

Nervenzellen sind auf die Informations-
weiterleitung spezialisiert.

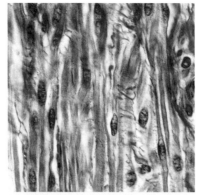

Muskelzellen sind auf Kontraktionen
spezialisiert.

Rote Blutzellen sind auf den Transport
von Sauerstoff spezialisiert.

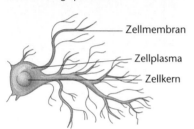

Zellmembran
Zellplasma
Zellkern

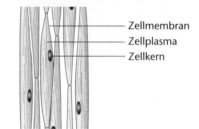

Zellmembran
Zellplasma
Zellkern

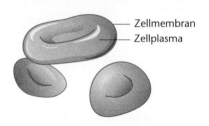

Zellmembran
Zellplasma

1 *Spezialisierte Zellen beim Menschen*

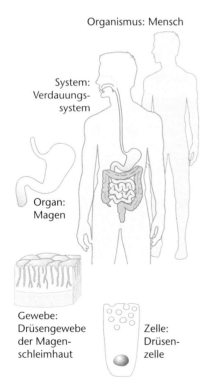

Organismus: Mensch

System:
Verdauungs-
system

Organ:
Magen

Gewebe:
Drüsengewebe
der Magen-
schleimhaut

Zelle:
Drüsen-
zelle

2 *Zelle, Gewebe, Organ,
Organsystem, Organismus*

Im Gegensatz zu Einzellern bestehen Menschen, die meisten Tiere und Pflanzen aus Milliarden von Zellen. Diese Zellen nehmen in Vielzellern die verschiedensten Aufgaben wahr. Der Grundtyp der Tier- und Pflanzenzelle ist entsprechend seiner Aufgabe verändert (Abb. 1). Jeder Zelltyp erfüllt eine bestimmte Aufgabe, so dass eine Arbeitsteilung stattfindet. Man spricht in diesem Zusammenhang von spezialisierten Zellen oder **Zelldifferenzierung.** Sind diese spezialisierten Zellen zu Zellverbänden zusammengeschlossen, spricht man von einem **Gewebe.** Erfüllen wiederum mehrere Gewebe gemeinsam eine oder mehrere Aufgaben, spricht man von einem **Organ.** Die Gesamtheit aller Gewebe und Organe ergänzen sich in ihren Funktionen und bilden den **Organismus.**

Drüsenzellen in der Magenschleimhaut bilden im Verband das Drüsengewebe der Magenschleimhaut (Abb. 2). Der Magen als Organ besteht wiederum aus verschiedenen Gewebetypen, die gemeinsam die Aufgabe der Verdauung erfüllen. Bei der Verdauung spielen allerdings noch andere Organe eine Rolle, wie zum Beispiel der Mund mit Zähnen und Speicheldrüsen sowie der Dick- und Dünndarm. Diese Organe bilden zusammen ein **Organsystem,** das Verdauungssystem. Die Gesamtheit aller Organe und Organsysteme ergänzen sich mit ihren einzelnen Aufgaben zum Organismus, dem Menschen.

18

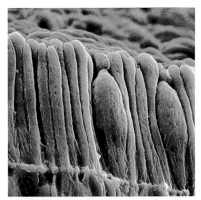
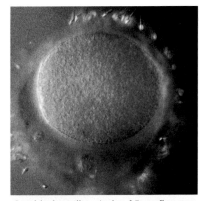
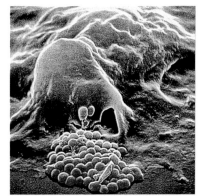

Sinneszellen der Netzhaut sind auf die Aufnahme von Lichtreizen spezialisiert.

Geschlechtszellen sind auf Fortpflanzung spezialisiert.

Weiße Blutzellen sind auf die Abwehr von Fremdkörpern spezialisiert.

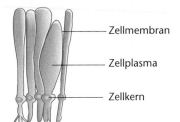
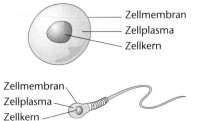
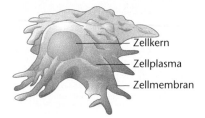

1 Gemeinsamkeiten und Unterschiede. Betrachte die verschiedenen spezialisierten Zellen in Abbildung 1. Stelle Gemeinsamkeiten und Unterschiede bezüglich des Aufbaus und der Funktion in einer Tabelle heraus.

2 Von der Zelle zum Organismus. Ordne die folgenden Begriffe vergleichbar der Abbildung 2 an. Beginne mit den drei Zellen: Mensch, Sinneszelle, Immunsystem, Muskel, Netzhaut, Nervensystem, Skelettmuskel, weiße Blutzelle, Auge, Bewegungssystem, Muskelzelle, Blut.

3 System. Lies dir die Definition des Begriffs „System" in Abbildung 3 aufmerksam durch.
a) Begründe, ob es sich bei einem Organsystem um ein offenes oder ein geschlossenes System handelt.
b) Übertrage anschließend die Definition auf den Begriff Organsystem (Abb. 2).

Unter einem System (griech. systema: aus mehreren Teilen zusammengesetztes Ganzes) versteht man einen ganzheitlichen Zusammenhang zwischen Dingen, Vorgängen und Teilen.

Man unterscheidet grundsätzlich zwischen offenen und geschlossenen Systemen. Ein geschlossenes System zeichnet sich dadurch aus, dass es von der Umgebung stofflich isoliert ist. Das kann man näherungsweise mit einer Flüssigkeit in einer geschlossenen Flasche vergleichen. Das System kann lediglich Energie, z. B. in Form von Wärme, mit der Umgebung austauschen.

In einem offenen System können neben der Energie auch Stoffe zwischen dem System und der Umgebung ausgetauscht werden. So ist z. B. eine Pflanze ein offenes System, da sie mit ihren Wurzeln Wasser aus dem Boden und mit den Blättern Kohlenstoffdioxid aus der Luft aufnimmt sowie durch die Fotosynthese Sauerstoff an die Luft wieder abgibt.

3 *Definition: System*

19

1.4   Das Pantoffeltierchen

In heimischen Gewässern wie Tümpeln, Teichen und Seen ist das Pantoffeltierchen weit verbreitet (Abb. 1). Es kommt sogar in Pfützen und Wagenspuren vor, die einige Wochen mit Wasser gefüllt sind. Pantoffeltierchen sind zwischen 0,1 und 0,3 Millimeter lang. Damit zählen Pantoffeltierchen zu den „Riesen" unter den **Einzellern**. Das sind Lebewesen, die nur aus einer einzigen Zelle bestehen.

Die Zellmembran grenzt die Zelle nach außen ab und gibt ihr Form (Abb. 2). In der Zellmembran befinden sich tausende von Wimpern, die ständig in Bewegung sind. Die Wimpern hat das Pantoffeltierchen mit bestimmten anderen Einzellern gemeinsam. Daher zählt man das Pantoffeltierchen zur Gruppe der Wimpertierchen.

Mithilfe der Wimpern, die rhythmisch schlagen, kann sich ein Pantoffeltierchen im Wasser **fortbewegen.** Dabei dreht es sich meist um seine Achse (Abb. 5). Weil die Zellmembran elastisch ist, kann sich ein Pantoffeltierchen auch durch manche Engpässe hindurchzwängen.

Ein Pantoffeltierchen kann auf **Reize reagieren,** zum Beispiel wenn es auf ein Hindernis stößt (Abb. 3). Dann kann es rückwärts oder in eine andere Richtung schwimmen und so das Hindernis umgehen. Außer auf Berührungsreize reagiert ein Pantoffeltierchen auf bestimmte Stoffe und auf Temperaturunterschiede im Wasser.

Wie alle Lebewesen hat ein Pantoffeltierchen **Stoffwechsel:** Es nimmt Stoffe aus der Umgebung auf, wandelt sie in der Zelle um und gibt Stoffe an die Umgebung ab. Sauerstoff aus dem Wasser wird über die ganze Zellmembran aufgenommen. Nahrung sind vor allem Bakterien. Sie werden mithilfe von Wimpern in eine Vertiefung in der Zellmitte, den Zellmund, gestrudelt (Abb. 6). Dort wird die Nahrung in kleine Bläschen eingeschlossen. Bei dem Weg durch das Cytoplasma werden Stoffe in diese Nahrungsbläschen aufgenommen, die die

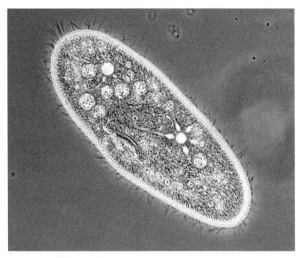

1 *Pantoffeltierchen*

Nahrung verdauen. Wichtige Nahrungsbestandteile gelangen aus den Bläschen in das Cytoplasma. Unverdauliche Stoffe verlassen durch den Zellafter die Zelle (Abb. 6). Aus der Nahrung bezieht ein Pantoffeltierchen Baustoffe für den Aufbau der Zelle und Energie für die Aufrechterhaltung der Lebensvorgänge. Mithilfe der pulsierenden Bläschen wird dauernd überschüssiges Wasser aus dem Cytoplasma nach außen gepumpt (Abb. 2).

Pantoffeltierchen vermehren sich meistens ungeschlechtlich, können sich aber auch geschlechtlich **fortpflanzen.** Bei der ungeschlechtlichen Fortpflanzung entstehen durch Zellteilung zwei Tochterzellen. Pantoffeltierchen können ungünstige Umweltbedingungen, zum Beispiel Trockenheit, als Dauerform in einer festen Hülle überstehen und in dieser Form zum Beispiel an Grashalmen haften.

Einzeller wie das Pantoffeltierchen haben Merkmale und Eigenschaften, die sie mit allen anderen Lebewesen gemeinsam haben. Zu diesen **Kennzeichen des Lebendigen** gehören selbstständige Bewegung, die Reaktion auf Reize, Stoffwechsel und Fortpflanzung.

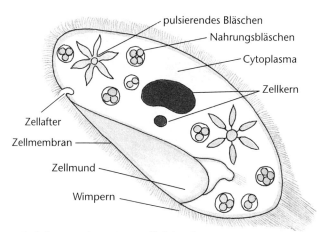

2 *Schema eines Pantoffeltierchens*

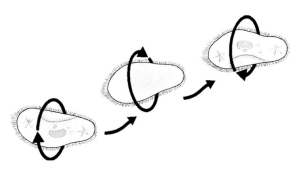

5 *Bewegung eines Pantoffeltierchens*

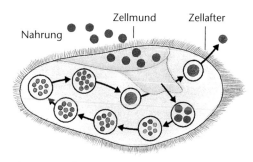

6 *Nahrungsaufnahme eines Pantoffeltierchens*

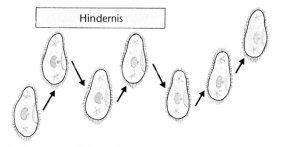

3 *Ein Pantoffeltierchen reagiert auf Reize*

1 **Einzeller bilden eine lebensfähige Einheit.**
Erläutere am Beispiel des Pantoffeltierchens, dass
Einzeller eine lebensfähige Einheit mit allen Kenn-
zeichen von Lebewesen bilden.

2 **Einzeller – Vielzeller: ein Vergleich.** Vergleiche
einen Einzeller wie das Pantoffeltierchen mit einem
Vielzeller, zum Beispiel einem Hund (Abb. 4). Fertige dazu eine Tabelle nach folgendem Muster an:

	Pantoffeltierchen (Einzeller)	Hund (Vielzeller)
Bewegung		
Reizbarkeit		
Stoffwechsel		
Fortpflanzung		

3 **Bewegungen der Wimpern eines Pantoffeltierchens.** Die Bewegungen der Wimpern eines
Pantoffeltierchens erfolgen sehr schnell. Abbildung 7 zeigt zwei Möglichkeiten, wie sich Wimpern
bewegen könnten. Die Ziffern geben wie in Zeit-
lupe den Bewegungsablauf an. Nur eine der beiden
Darstellungen trifft für die Wimpern des Pantoffeltierchens zu. Mache jeden der beiden Bewegungs-
abläufe mit einem leicht ausgestreckten Arm nach.
Begründe, welche der beiden Bewegungsweisen
für das Pantoffeltierchen zutrifft. Gib an, in welche
Richtung sich das Pantoffeltierchen bewegt.

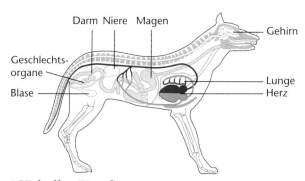

4 *Vielzeller (Hund)*

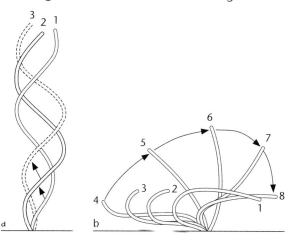

7 *Mögliche Wimpernbewegungen*

21

Erkenntnisse durch historische Versuche

Versuche folgen meist einem bestimmten Schema (Abb. 1).

Beobachtung: Landwirte und Gärtner düngen den Boden mit Kunstdünger. Kunstdünger enthält Mineralsalze.

Problemfrage: Brauchen Pflanzen Mineralsalze für ihr Wachstum?

Hypothesen (Vermutungen):

1. Pflanzen können ohne Mineralsalze wachsen.
2. Pflanzen können nur mit Mineralsalzen wachsen.
3. Pflanzen wachsen ohne und mit Mineralsalzen.

Versuch:

Planung: Das Wachstum von Pflanzen, denen Mineralsalze zur Verfügung stehen, muss verglichen werden mit dem Wachstum von Pflanzen, denen keine Mineralsalze zur Verfügung stehen.

Durchführung: Auf Watte werden Bohnen herangezogen, bis sie etwa sechs Zentimeter lang sind. Die Reste der nährstoffreichen Keimblätter werden entfernt. Zwei Erlenmeyerkolben werden vorbereitet: In einem befindet sich Wasser mit Blumendünger entsprechend den Angaben auf der Düngerflasche; im anderen Erlenmeyerkolben befindet sich destilliertes Wasser. Die Bohnenpflanzen werden so mit Watte in die Öffnung der Kolben gesetzt, dass die Wurzeln in die Flüssigkeit tauchen. Im Verlauf des zweiwöchigen Versuches wird in den Erlenmeyerkolben die verbrauchte Flüssigkeit nachgefüllt. Die Erlenmeyerkolben werden an einen hellen Ort gestellt. Das Wachstum wird täglich kontrolliert.

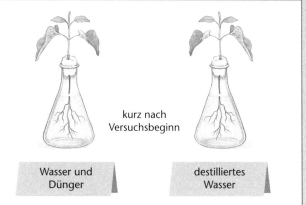

kurz nach Versuchsbeginn

Wasser und Dünger

destilliertes Wasser

Ergebnis: Die Pflanze im Erlenmeyerkolben mit dem destillierten Wasser wuchs zunächst weiter und bildete neue Blätter aus, die jedoch klein blieben. Doch schon nach fünf Tagen wuchsen der Stängel und die Wurzeln nicht weiter. Dagegen zeigte die Pflanze im Wasser mit Blumendünger ein beträchtliches Wachstum; der Stängel verzweigte sich, es bildeten sich viele Blätter von normaler Größe und Färbung.

Ergebnis-Auswertung in Bezug auf die Hypothesen: Die Hypothese 2 wurde für Bohnenpflanzen bestätigt, die Hypothesen 1 und 3 nicht. Bohnenpflanzen benötigen Mineralsalze für ein normales Wachstum.

Übertragung: Es müsste untersucht werden, ob auch andere Pflanzen Mineralsalze für ihr Wachstum benötigen.

1 *Schritte bei einem Versuch und Beispiel für ein Protokoll*

JOHAN VAN HELMONT (1577 bis 1644) pflanzte im Jahre 1635 einen jungen Weidenbaum mit 2,3 kg Masse in einen Kübel, in dem sich getrocknete Erde mit einer Masse von 90,7 kg befand. Die Erde wurde mit einer durchlöcherten Metallplatte abgedeckt. Die Pflanze stand im Freien und wurde mit Regenwasser gegossen. Nach fünf Jahren wog die Weide 76,7 kg und die Masse der Erde hatte sich um 57 g vermindert.

1635

1640

2 *Versuch von Johan van Helmont*

a) Die Kerze erlosch nach einiger Zeit.

b) Die Kerze erlosch nach viel kürzerer Zeit als beim Versuch (a). Die Maus wurde nach kurzer Zeit ohnmächtig.

c) Die Maus wurde ohnmächtig, aber erst nach längerer Zeit als im Versuch (b).

d) Die Maus wurde nicht ohnmächtig.

3 *Versuche von Joseph Priestley (1771)*

Die gegenwärtigen Erkenntnisse der Biologie sind im Laufe von Jahrhunderten entstanden. Neue Erkenntnisse bauen auf dem Wissen früherer Forscher und Forscherinnen auf. So konnte im Laufe der Zeit das Wissen, zum Beispiel um die Ernährung der Pflanzen, erweitert und ergänzt werden. Man spricht von einer Erkenntnisspirale (Abb. 4).

Um 1640 n. Chr.: Der Holländer VAN HELMONT führt einen berühmten fünfjährigen Versuch zur Pflanzenernährung durch (Abb. 2).
1727: STEPHEN HALES behauptet, dass Pflanzen ihre Nahrung aus der Luft aufnehmen, was damals niemand verstand.
1771: JOSEPH PRIESTLEY entdeckt, dass Tiere in luftdicht abgeschlossenen Räumen sehr viel länger überleben, wenn Pflanzen anwesend sind (Abb. 3). Er beobachtete auch, dass seine Versuche abends und nachts anders abliefen als am Tag, fand dafür aber keine Erklärung.
1775: ANTOINE DE LAVOISIER berichtet über ein neues Element, das die Verbrennung ermöglicht und das Lebewesen zum Atmen brauchen. Das neue Gas wird zunächst „l'air vital" genannt, vier Jahre später „Sauerstoff" (Oxygenium).
1779: JAN INGENHOUSZ entdeckt und beschreibt, dass Pflanzen nur im Licht Sauerstoff herstellen, im Dunkeln dagegen laufend Kohlenstoffdioxid abgeben. Er zeigt auch, dass nur die grünen Pflanzenteile Sauerstoff im Licht herstellen.
1783: JEAN SENEBIER weist nach, dass Pflanzen im Licht nur dann Sauerstoff herstellen, wenn auch gleichzeitig Kohlenstoffdioxid anwesend ist, ein Gas, das Tiere bei der Atmung freisetzen.
1804: NICOLAS DE SAUSSURE weist nach, dass Pflanzen beim Verbrauch von Kohlenstoffdioxid und der Herstellung von Sauerstoff und Zucker auch Wasser benötigen.
1837: RENE DUTROCHET entdeckt, dass das Vorkommen von Chlorophyll, dem grünen Blattfarbstoff, für die Herstellung von Sauerstoff und Zucker notwendig ist.
1845: ROBERT MEYER beschreibt, dass bei der Fotosynthese Lichtenergie in chemische Energie umgewandelt wird.
1862: JULIUS SACHS entdeckt, dass Zucker und Stärke in den grünen Chloroplasten gebildet werden.
Im 20. Jahrhundert: Die an der Fotosynthese beteiligten Moleküle und ihre Umsetzungen in den Chloroplasten werden genau erforscht.

4 *Erkenntnisspirale zur Fotosynthese*

1 **Der Versuch von VAN HELMONT.**
a) Schreibe für den historischen Versuch von VAN HELMONT in Abbildung 2 ein Protokoll nach den Schritten in Abbildung 1. Achte dabei besonders auf die Bildung der Hypothesen.
b) Erkläre das Versuchsergebnis möglichst umfassend unter der Überschrift „Wie ernähren sich Pflanzen?". Welche Hypothesen werden durch das Ergebnis gestützt, welche nicht?

2 **Die Experimente JOSEPH PRIESTLEYs.**
a) Erkläre die Ergebnisse der Versuche PRIESTLEYs in Abbildung 3. Nutze dabei die Erkenntnisse von ANTOINE DE LAVOISIER, JAN INGENHOUSZ und JEAN SENEBIER (Abb. 4).
b) Formuliere Hypothesen zu den Versuchsergebnissen, wenn PRIESTLEY seine Versuche im Dunkeln durchgeführt hätte?

3 **Versuchsanordnungen entwerfen.** Entwirf eine Versuchsanordnung, mit der JAN INGENHOUSZ zu seinen Erkenntnissen gekommen sein könnte.

2 Fotosynthese

2.1 Die Fotosynthese

1 *Wasserpest im Licht*

Manchmal kann man beobachten, dass von Wasserpflanzen, zum Beispiel der Wasserpest, kleine Bläschen aufsteigen (Abb. 1). Die Bläschen enthalten ein Gas, das von der Wasserpest gebildet wird. Mit einer Versuchsanordnung wie in Abbildung 2 kann man die Vorgänge beobachten und experimentell untersuchen. Wenn die Wasserpest hell beleuchtet wird, sieht man, wie Gasbläschen von der Pflanze in das Reagenzglas aufsteigen. Das Gas sammelt sich an der Spitze des Reagenzglases. Hält man die glimmende Spitze eines Holzspans in das Gas, flammt der Span hell auf (Abb. 2). Diese Glimmspanprobe ist ein Nachweis dafür, dass es sich bei dem Gas um Sauerstoff handelt.

Heute weiß man, dass alle grünen Pflanzen im Wasser und auf dem Land bei Belichtung Sauerstoff freisetzen. Allerdings ist die Freisetzung von Sauerstoff nur Teil eines umfassenderen Vorgangs, den man als **Fotosynthese** bezeichnet. Bei der Fotosynthese nimmt eine Pflanze die energiearmen Stoffe Wasser und das Gas Kohlenstoffdioxid auf. Licht wird vom grünen Blattfarbstoff Chlorophyll

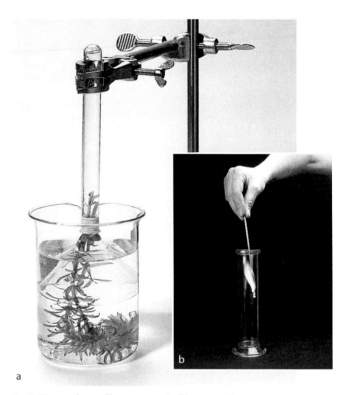

2 *a) Versuchsaufbau zum Auffangen der Gasbläschen und b) Glimmspanprobe*

absorbiert. Ein Teil der Lichtenergie wird in chemische Energie, ein anderer Teil in Wärme gewandelt. Mithilfe der chemischen Energie wird aus Kohlenstoffdioxid und Wasser der energiereiche Nährstoff Glucose (Traubenzucker) hergestellt sowie Sauerstoff abgegeben (Abb. 3). Glucose wird zu verschiedenen anderen Stoffen weiterverarbeitet, zum Beispiel zu Stärke, zu anderen Kohlenhydraten, aber auch zu Fetten und Proteinen.

Grüne Pflanzen können also mithilfe von Licht die zum Leben notwendigen Nährstoffe selbst herstellen. Diese Ernährungsweise nennt man **autotroph.** Das Wort bedeutet „sich selbst ernährend".

$$\text{Kohlenstoffdioxid + Wasser} \quad \xrightarrow[\text{Lichtenergie}]{\text{Chlorophyll}} \quad \text{Glucose + Sauerstoff}$$

3 *Fotosynthese*

Um die Bedingungen der Fotosynthese zu untersuchen, wird häufig die Bläschenzähl-Methode angewandt. Der Stängel einer Wasserpest-Pflanze wird frisch angeschnitten und die Pflanze in ein wassergefülltes Glas unter einen umgekehrten Trichter gebracht (Abb. 2a).

Der Trichter ist mit einem umgedrehten, vollständig mit Wasser gefüllten Reagenzglas verbunden. Anschließend wird die Pflanze mit einer starken Lichtquelle bestrahlt. Gezählt werden die Sauerstoff-Bläschen, die pro Minute von der Pflanze aufsteigen. Je mehr Bläschen gebildet werden, desto höher ist die Fotosynthese-Leistung.

4 *Bläschenzähl-Methode*

Beleuchtungsstärke in lux	200	1000	4000	8000	16 000	24 000	32 000
Sauerstoff-Bläschen pro min	0	1	4	8	12	13	13

5 *Versuchsergebnisse*

1 Bedingungen der Fotosynthese. Die Versuche I bis IV zur Fotosynthese wurden durchgeführt.
a) Stelle die Werte aus Versuch I grafisch dar. Werte die Kurve aus und begründe ihren Verlauf.
b) Begründe die Ergebnisse der Versuche II bis IV.
c) Fasse die Ergebnisse der Versuche I bis IV zusammen. Unter welchen Bedingungen findet Fotosynthese statt?

Versuch I: Indem man einen Diaprojektor aus unterschiedlicher Entfernung auf eine Probe einstrahlen lässt, kann man die Beleuchtungsstärke variieren. In einer Versuchsreihe ergaben sich die Werte aus Abbildung 5.
Versuch II: Der Versuch, wie er in Abbildung 2 dargestellt ist, wurde mit drei verschiedenen Flüssigkeiten durchgeführt: Mineralwasser mit Kohlensäure, Leitungswasser und abgekochtem Wasser. Dann wurde mit der Bläschenzähl-Methode die Fotosynthese-Leistung gemessen (Abb. 4). Sie war am höchsten in dem Ansatz mit Mineralwasser, gefolgt von Leitungswasser. Im abgekochten Wasser konnten keine Bläschen beobachtet werden.
Versuch III: Mit Wasserpest-Pflanzen wurden nach der Bläschenzähl-Methode drei Versuchsansätze mit unterschiedlich temperiertem Wasser hergestellt. Die Wassertemperaturen in den drei Ansätzen betrugen 15, 30 und 45 Grad Celsius. Die höchste Anzahl von Sauerstoff-Bläschen pro Minute wurde bei Wasser von 30 Grad Celsius gezählt, deutlich weniger bei Wasser von 15 Grad Celsius und keine Bläschen bei Wasser von 45 Grad Celsius.
Versuch IV: Eine Topfpflanze wird zwei Tage im Dunkeln gehalten. An einem Blatt wird dann eine Schablone aus Karton angebracht, die die Blattunterseite ganz abdeckt, auf der Blattoberseite aber eine sternchenförmige Öffnung lässt (Abb. 6). Nun wird die Pflanze mindestens zwölf Stunden belichtet. Dann wird die Schablone entfernt, das Blatt abgetrennt und in kochendes Wasser gegeben. Dadurch werden die Zellen zerstört. Anschließend wird das Blatt in warmem Alkohol (F: leicht entzündlich) geschwenkt. So löst sich das Chlorophyll aus dem Blatt. Wird das nun helle Blatt in eine Petrischale mit Iod-Kaliumiodid-Lösung gelegt, ergibt sich das Bild aus Abbildung 6. Iod-Kaliumiodid-Lösung ist ein Nachweismittel für Stärke. Es färbt Stärke blauviolett (Schutzhandschuhe tragen).

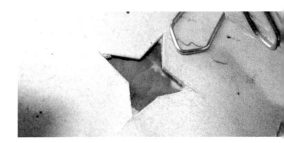
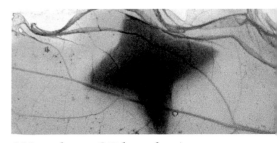

6 *Versuch zum Stärkenachweis*

25

Ein **Organismus** wie eine Blütenpflanze besitzt verschiedene Organe: Wurzeln, Sprossachse, Blätter und Blüten. Ein **Organ** bildet eine Einheit, die bestimmte Aufgaben im Organismus erfüllt. So findet in den Blättern die Fotosynthese statt. Wie jedes Organ ist auch ein Blatt aus verschiedenen Geweben zusammengesetzt (Abb. 1). Unter einem **Gewebe** versteht man einen Verband ähnlich gebauter Zellen mit gleichartiger Funktion. Die obere und untere Epidermis bilden ein Abschlussgewebe. Die Epidermiszellen geben nach außen eine wasserabweisende Schicht aus Wachs, die Kutikula, ab. Sie schützt das Blatt vor übermäßigem Wasserverlust und vor dem Eindringen von Krankheitserregern und Staub. In der unteren Epidermis befinden sich Spaltöffnungen, die von je zwei Schließzellen gebildet werden. Über die Spaltöffnungen erfolgt der Gasaustausch mit der Umgebung: Wasserdampf und Sauerstoff werden an die Umgebungsluft abgegeben und Kohlenstoffdioxid in das Blatt aufgenommen. Das Palisadengewebe im oberen Teil des Blattes enthält längliche Zellen, die regelmäßig angeordnet sind. Die **Zellen** des Palisadengewebes enthalten sehr viele Chloroplasten. Das Schwammgewebe im unteren Teil des Blattes ist mit großen Hohlräumen, den Interzellularen, ausgestattet. In ihnen können Gase innerhalb des Blattes geleitet werden. Die unregelmäßig geformten Zellen des Schwammgewebes enthalten nur wenige Chloroplasten und können Wasser und Stärke speichern. In den Leitbündeln werden Wasser und Mineralsalze aus dem Boden in das Blatt und in umgekehrter Richtung Traubenzucker (Glucose) aus dem Blatt in Stängel und Wurzeln transportiert.

Zellorganellen sind Räume innerhalb einer Zelle, die eine typische Struktur und eine spezielle Aufgabe haben. Chloroplasten sind Zellorganellen, die durch eine Doppelmembran vom Zellplasma abgegrenzt sind. Die innere Membran ist stark gefaltet und füllt große Teile des Chloroplasten aus. In ihr ist unter anderem der Farbstoff Chlorophyll enthalten. Chloroplasten sind die Orte der Fotosynthese. In ihnen wird Glucose gebildet.

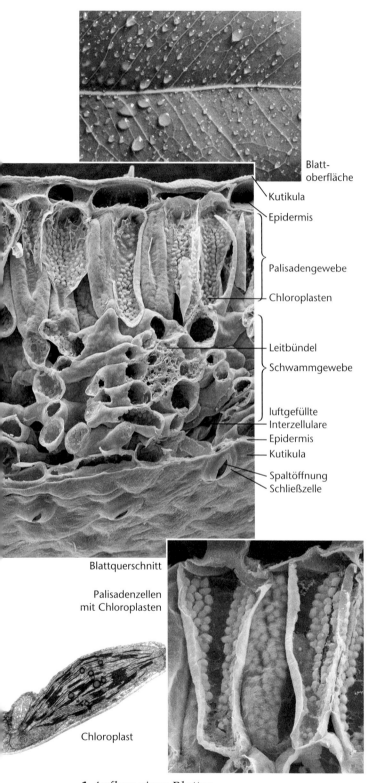

Blattoberfläche
Kutikula
Epidermis
Palisadengewebe
Chloroplasten
Leitbündel
Schwammgewebe
luftgefüllte Interzellulare
Epidermis
Kutikula
Spaltöffnung
Schließzelle

Blattquerschnitt

Palisadenzellen mit Chloroplasten

Chloroplast

1 *Aufbau eines Blattes*

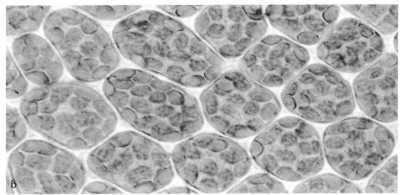

2 *a) Sternmoos und b) seine chloroplastenhaltigen Zellen*

1 Vom Organismus zum Zellorganell. Erläutere mithilfe der Grundwissenseite am Beispiel des Blattes die Begriffe Organismus, Organ, Gewebe, Zelle und Zellorganell. Beschreibe die Zusammenarbeit der verschiedenen Gewebe im Blatt bei der Fotosynthese.

2 Das Blatt als Glucose-Fabrik. In einem Modell soll ein Blatt mit einer chemischen Fabrik verglichen werden. Beachte dabei folgende Stichpunkte: Betriebsgelände, Anlieferung von Stoffen, Umwandlung, Abtransport von Stoffen, Werkstore, Energiebedarf, Zusammenarbeit der Abteilungen. Lege zur Lösung eine Tabelle an.

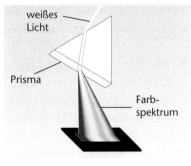

3 *Prisma und Farbspektrum*

3 Mikroskopieren von Blattquerschnitten. Klemme ein Blattstück, zum Beispiel von einer Buche in ein Stück gespaltene Mohrrübe (Abb. 4). Schneide mit einer scharfen Rasierklinge den herausragenden Teil des Blattstückes ab. Vorsicht beim Umgang mit der Rasierklinge! Schneide anschließend die Mohrrübe mit dem eingeklemmten Blatt in hauchdünne Scheibchen. Gib einen Tropfen Wasser auf den Objektträger und übertrage den Schnitt in den Wassertropfen. Bedecke das Präparat mit einem Deckglas und mikroskopiere. Betrachte eine besonders dünne Stelle. Fertige eine beschriftete Zeichnung an.

4 Mikroskopieren von Chloroplasten. Ein Blättchen des Sternmooses wird vom Pflänzchen abgenommen und in einen Wassertropfen auf einen vorbereiteten Objektträger gelegt. Der Rand der Blättchen des Sternmooses besteht aus einer Zellschicht. Dort sind Chloroplasten in den Zellen zu erkennen. Zeichne einige chloroplastenhaltige Zellen.

5 Warum sind Blätter grün? Mit einem Prisma lässt sich weißes Licht in das Farbspektrum von Rot bis Blauviolett auftrennen (Abb. 3). Blätter absorbieren vor allem Licht im roten und im blauen Bereich. Begründe auf der Grundlage dieser Informationen, warum wir Blätter grün sehen.

4 *Herstellung eines Blattquerschnittes*

27

2.3 Glucose wird in zahlreiche Stoffe umgewandelt

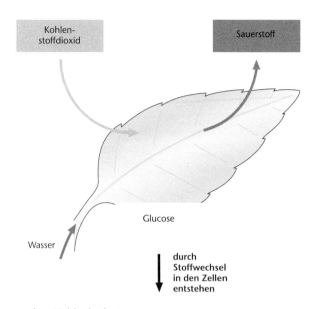

andere Kohlenhydrate:

Fette: Eiweiße:

Duft-, Farb- und   Nucleinsäuren,   Andere Stoffe:
Aromastoffe: DNA: wie pflanzliche Ab-
                                             wehr- und Giftstoffe

1 *Die Fotosynthese ist die Grundlage für die Bildung aller pflanzlichen Stoffe*

Unter Stoffwechsel eines Lebewesens versteht man die Aufnahme, Umwandlung und Abgabe von Stoffen. Alle chemischen Reaktionen in einem Lebewesen gehören zu seinem Stoffwechsel. Er wird unterteilt in Bau- und Betriebsstoffwechsel. Mit **Baustoffwechsel** werden diejenigen chemischen Reaktionen bezeichnet, die dem Aufbau und der Speicherung von Stoffen in einem Organismus dienen. Im **Betriebsstoffwechsel** werden dagegen Stoffe abgebaut. Dadurch wird unter anderem Energie bereitgestellt. Bau- und Betriebsstoffwechsel sind in einem Organismus eng miteinander verzahnt.

Glucose (Traubenzucker) ist ein Nährstoff, der zur Gruppe der Kohlenhydrate gehört. **Glucose** ist das Hauptprodukt der Fotosynthese. Sie kann im Stoffwechsel einer Pflanze in eine große Zahl anderer Stoffe umgewandelt werden. Dazu gehören andere Kohlenhydrate sowie Fette und Eiweiße. Alle organischen Stoffe einer Pflanze lassen sich letztlich auf die Fotosynthese zurückführen (Abb. 1). Bei der Herstellung vieler dieser Stoffe werden zusätzlich Mineralsalze benötigt.

Die Speicherung von Nährstoffen erfolgt zum Teil in Samen und Früchten. In den Früchten der verschiedenen Getreide wie Mais, Weizen und Reis wird das Kohlenhydrat Stärke gespeichert. Stärke besteht aus Glucose-Molekülen, die zu langen Ketten verbunden sind (Abb. 2).

Sonnenblumen, Erdnüsse und Oliven sind reich an Fetten und Sojasamen reich an Eiweiß. Manche Pflanzen speichern Nährstoffe in besonderen Speicherorganen wie Knollen. Ein bekanntes Beispiel ist die Kartoffel. Samen, Früchte, Blätter und Speicherorgane von Pflanzen sind für die Ernährung des Menschen von sehr großer Bedeutung (Abb. 1). Manche Pflanzen werden von Menschen nicht wegen ihrer Nährstoffe genutzt, sondern wegen anderer Stoffe. Dazu gehören unter anderem Duftstoffe, Farbstoffe und Aromastoffe wie die der Rose sowie Abwehrstoffe der Zitrone.

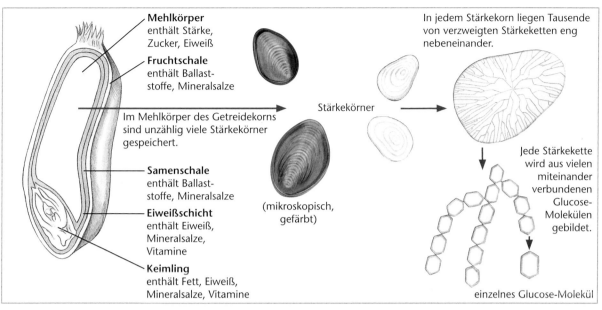

Mehlkörper
enthält Stärke,
Zucker, Eiweiß

Fruchtschale
enthält Ballast-
stoffe, Mineralsalze

Im Mehlkörper des Getreidekorns
sind unzählig viele Stärkekörner
gespeichert.

Stärkekörner

Samenschale
enthält Ballast-
stoffe, Mineralsalze

Eiweißschicht
enthält Eiweiß,
Mineralsalze,
Vitamine

(mikroskopisch,
gefärbt)

Keimling
enthält Fett, Eiweiß,
Mineralsalze, Vitamine

In jedem Stärkekorn liegen Tausende
von verzweigten Stärkeketten eng
nebeneinander.

Jede Stärkekette
wird aus vielen
miteinander
verbundenen
Glucose-
Molekülen
gebildet.

einzelnes Glucose-Molekül

2 *Weizenfrucht im Längsschnitt, Stärkekörner und Stärke*

1 Stoffwechsel. Erarbeite anhand des Grundwissentextes Definitionen für folgende Begriffe: Stoffwechsel, Baustoffwechsel, Betriebsstoffwechsel.

2 Fotosynthese als Grundlage des pflanzlichen Stoffwechsels. Erstelle zu Abbildung 1 einen Sachtext.

3 Stärkekörner mikroskopieren.
a) Schabe mit einem Spatel oder einem Messer eine kleine Probe von einer frisch angeschnittenen Kartoffel oder reifen Banane ab. Bringe die Probe auf einen Objektträger, gib ein wenig Wasser hinzu und lege ein Deckglas auf. Beginne deine Betrachtung mit der kleinsten Vergrößerung. Betrachte außerdem Proben, die zuvor mit Iod-Kaliumiodid-Lösung gefärbt wurden.
b) Iod-Kaliumiodid ist ein Nachweismittel für Stärke. Führe den Stärkenachweis mit verschiedenen Nahrungsmitteln durch.

4 Wie viel Glucose produziert eine Zuckerrübe? Über einen Zeitraum von Mai bis Oktober wird monatlich der durchschnittliche Gesamtflächeninhalt aller Blätter einer Zuckerrübe bestimmt. Vereinfachend wird ein Durchschnittswert für die Wachstumszeit (Mai bis August) und für die Reifezeit (September bis Oktober) gebildet. Berechne mit diesen Angaben, wie viel Glucose die Zuckerrübe von Mai bis Oktober erzeugt hat. Gehe davon aus, dass $1 m^2$ Blattoberfläche in einer Stunde 1 g Glucose erzeugt.

	Mai bis August	September bis Oktober	
Anzahl der Tage	105	60	
Sonnenstunden pro Tag	14	12	
durchschnittlicher Gesamtflächeninhalt aller Blätter einer Zuckerrübe in cm^2	3284	6567	

3 *Daten zur Glucoseproduktion einer Zuckerrübe*

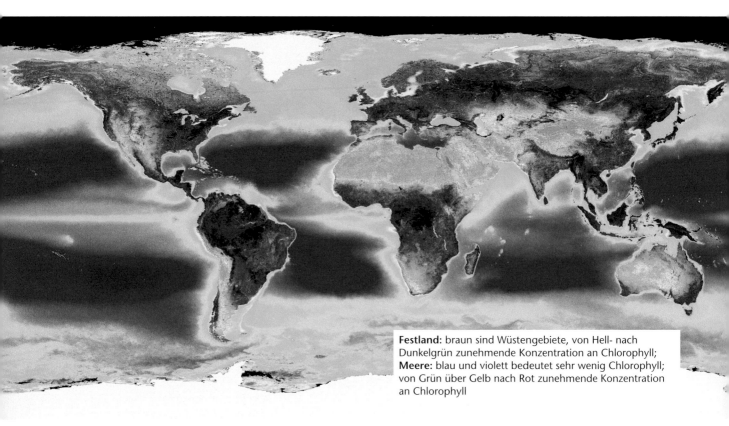

Festland: braun sind Wüstengebiete, von Hell- nach Dunkelgrün zunehmende Konzentration an Chlorophyll; **Meere:** blau und violett bedeutet sehr wenig Chlorophyll; von Grün über Gelb nach Rot zunehmende Konzentration an Chlorophyll

1 *Verteilung des Chlorophylls auf der Erde, Satellitenaufnahme*

Die Fotosynthese ist einer der wichtigsten biologisch-chemischen Prozesse auf der Erde. Dabei wird eine außerirdische Energiequelle, das Sonnenlicht, genutzt (Abb. 1). In der Frühzeit der Erde, vor etwa vier Milliarden Jahren, gab es noch keine Fotosynthese und die Uratmosphäre war frei von Sauerstoff. Es waren Fotosynthese treibende Lebewesen, die im Laufe von Milliarden Jahren die sauerstoffhaltige Atmosphäre schufen. Erst in einer solchen Atmosphäre konnte sich die Ozonschicht in etwa zehn Kilometer Höhe in der Atmosphäre ausbilden. Ozon ist ein Molekül aus drei Sauerstoffatomen (O_3) und kann einen großen Teil der gefährlichen ultravioletten Sonnenstrahlung abfangen.

Pflanzen können mithilfe der Fotosynthese selbst energiereiche Nährstoffe produzieren. Daher nennt man die Pflanzen auch **Produzenten.** Sie sind die Ernährungsgrundlage für Tiere und Menschen, die **Konsumenten.** Pflanzenfresser unter den Tieren ernähren sich unmittelbar von Pflanzen. Aber auch die Fleischfresser sind indirekt auf die Fotosynthese der Pflanzen angewiesen, weil sie oft von pflanzenfressenden Tieren leben.

Fossile Energieträger wie zum Beispiel Erdöl und Kohle gehen auf die Fotosynthese in längst vergangenen Zeiten zurück. Aus der organischen Substanz damaliger Lebewesen entstand nach dem Absterben unter bestimmten Bedingungen Erdöl oder Kohle. Der Aufbau energiereicher organischer Substanz durch Fotosynthese wird heutzutage bei den so genannten **nachwachsenden Rohstoffen** genutzt. Dazu gehören pflanzliche Produkte, die vom Menschen nicht zur Ernährung, sondern für andere Zwecke genutzt werden, zum Beispiel Textilfasern, Holz oder Biokraftstoffe.

Dieser Baum ist etwa
25 m hoch und hat ungefähr einen
Kronendurchmesser von 15 m. Mit seinen ca.
800 000 Blättern verzehnfacht er seine aktive
Oberfläche von 160 m² auf 1600 m² Blattfläche.
Durch die unzähligen Spaltöffnungen der Blätter gelangen
an einem Sommertag 9,4 m³ Kohlenstoffdioxid aus der Luft in
die Zellen der Blätter. Hier verarbeitet es der Baum, angetrieben
durch die Energie der Sonne, mit Wasser zu 12 kg Kohlenhydraten
(Zucker und Stärke). Dabei wird eine Menge von 9,4 m³ lebensnot-
wendigen Sauerstoffs frei. Schon 150 m² Blattfläche eines
Baumes liefern während der Wachstumsphase den gesamten
Sauerstoffbedarf eines Menschen. Daraus folgt, dass
dieser Baum 11 Menschen mit Sauerstoff versorgt. Dabei
verbraucht er selbst das täglich ausgestoßene Kohlenstoffdioxid von zweieinhalb Einfamilienhäusern.
Wird der Baum nun aus irgendeinem
Grund gefällt
und wollte
man diesen
einen Baum
vollwertig
ersetzen,
so müsste
man 2500
junge Bäume mit einem Kronenvolumen von 1 m³ pflanzen.

2

1 **Bildunterschriften finden.** Betrachte die Abbildungen 2 bis 6. Suche für jedes Bild eine geeignete Bildunterschrift. Beachte dabei den Titel dieses Abschnitts. Vergleicht und diskutiert eure Bildunterschriften.

2 **Plakat: „Die Bedeutung der Fotosynthese".** Erstelle unter Beachtung der Bild- und Textinformationen auf diesen beiden Seiten ein Lernplakat zum Thema „Die Bedeutung der Fotosynthese". Präsentiere der Klasse das Plakat.

3 **Globale Verteilung des Chlorophylls.** Die Abbildung 1 wurde nach Satellitenaufnahmen erstellt. Werte die Abbildung aus. Nimm dazu einen Atlas zur Hilfe. Stelle eine Hypothese auf, zu welcher Jahreszeit die Satellitenaufnahmen vermutlich gemacht wurden.

3

4

5

6

Zusammenfassung: Biologische Prinzipien zum Thema „Zellen und Fotosynthese"

Die nachfolgenden Sachverhalte stammen aus den Kapiteln „Lebewesen bestehen aus Zellen" und „Fotosynthese". Die biologischen Prinzipien sind in diesem Buch auf der Methodenseite „Arbeiten mit biologischen Prinzipien" erläutert.

1 Aufgabe: Ordne jedem der nachfolgenden Sachverhalte ein biologisches Prinzip oder mehrere biologische Prinzipien zu. Begründe die von dir gewählte Zuordnung.
Biologische Prinzipien:
– Struktur und Funktion
– Energieumwandlung
– Zelluläre Organisation
– Reproduktion
– Information und Kommunikation

1. Zellen sind die Grundeinheiten aller Lebewesen.
Alle Zellen haben folgende Gemeinsamkeiten:
– Zellen gehen durch Teilung aus anderen Zellen hervor.
– Im Zellkern der Zellen befindet sich die Erbinformation in Form von DNA.
– Zellen benötigen Energie.
– Zellen sind von einer Membran umgeben, durch die Stoffe aufgenommen und abgegeben werden. Dieser Stoffaustausch vollzieht sich über die ganze Zelloberfläche.
– Zellen wandeln Stoffe um. Sie verwerten die Nährstoffe Proteine, Fette und Kohlenhydrate zum Aufbau körpereigener Stoffe und zur Energiebereitstellung.

2. In Pflanzen- und Tierzellen befinden sich durch Membranen abgegrenzte Funktionseinheiten – unter anderem der Zellkern und Chloroplasten.

3. Pflanzenzellen besitzen eine Zellwand, die aus Zellulose aufgebaut ist. Dadurch erhält eine Pflanzenzelle ihre Stabilität.

4. Vielzellige Lebewesen wie der Mensch bestehen aus spezialisierten Zellen, zum Beispiel Ner-

venzellen, Muskelzellen, rote Blutzellen, weiße Blutzellen und Geschlechtszellen. Spezialisierte Zellen sind so gebaut, dass sie eine bestimmte Aufgabe erfüllen können. In einem Vielzeller arbeiten spezialisierte Zellen arbeitsteilig zusammen.

5. Wenn sich gleichartig spezialisierte Zellen zusammenschließen, spricht man von einem Gewebe. Erfüllen mehrere Gewebe gemeinsam eine Aufgabe oder mehrere Aufgaben, spricht man von einem Organ. Alle Gewebe und Organe ergänzen sich in ihren Funktionen und bilden den Organismus.

6. Bei der Fotosynthese stellt eine Pflanze in den Chloroplasten aus den energiearmen Stoffen Wasser und Kohlenstoffdioxid mithilfe von Lichtenergie den energiereichen Stoff Glucose her. Dabei wird Lichtenergie in chemische Energie und Wärme gewandelt. Licht wird vom grünen Blattfarbstoff Chlorophyll absorbiert. Bei der Fotosynthese wird Sauerstoff frei.

7. Fotosynthese bildet die Grundlage für die Bildung aller pflanzlichen Stoffe. Weil Pflanzen ihre energiereichen Nährstoffe wie Glucose und Stärke selbst herstellen können, nennt man sie auch Produzenten. Tiere sind Konsumenten. Sie ernähren sich von der Biomasse anderer Lebewesen.

8. Das Wachstum von Lebewesen ist eine Folge fortgesetzter Zellteilungen. Bei vielzelligen Lebewesen mit geschlechtlicher Fortpflanzung stammen alle Zellen von der befruchteten Eizelle ab. Durch Zellteilung entstehen aus ihr zunächst zwei Zellen, dann vier, acht und so weiter. Die Erbinformationen einer jeden Zelle befinden sich im Zellkern. Bei einer Zellteilung entstehen aus einer Zelle zwei Zellen, die jeweils die gleichen Erbinformationen haben. Man spricht daher von erbgleicher Zellteilung.

Zellen und
Fotosynthese

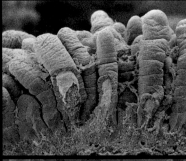

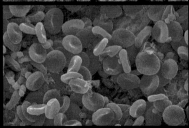

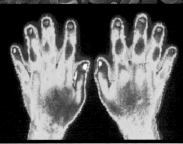

Stoffwechsel des Menschen

3 Ernährung

3.1 Ernährung im Wandel

Wir wachsen, wir denken, wir atmen, wir bewegen uns. Unsere Körpertemperatur beträgt konstant 37 Grad Celsius. Für diesen und andere Lebensvorgänge benötigt unser Körper Energie, die er mit den Nährstoffen Kohlenhydrate, Fette und Eiweiße zu sich nimmt. Mit der Nahrung versorgen wir unseren Körper außerdem mit Mineralstoffen, Vitaminen, Spurenelementen und Wasser.

1 *Eine Mahlzeit*

Kohlenhydrate und Fette sind die wichtigsten Energielieferanten (Abb. 2). Für Wachstum und Entwicklung von Geweben sind vor allem Eiweiße, Vitamine, Mineralsalze und Spurenelemente von Bedeutung. Eiweiße und Vitamine haben auch wichtige Funktionen bei der Regulation von Stoffwechselvorgängen in unserem Körper. Unsere Nahrung sollte die für unseren Organismus notwendigen Nährstoffe in ausreichender Menge, im richtigen Verhältnis und in der richtigen Form enthalten. Man spricht dann von einer **vollwertigen Ernährung.** Abwechslungsreiche Kost gewährleistet die Vollwertigkeit unserer Nahrung. Sind einzelne Nahrungsbestandteile zu wenig oder zu viel in unserer Nahrung enthalten, spricht man von einer **einseitigen Ernährung.** Dadurch können ernährungsbedingte Erkrankungen auftreten.

Essen ist mehr als nur Nahrungsaufnahme. Viele Faktoren beeinflussen unsere Ernährung. Wir essen nicht nur, wenn wir Hunger haben. Manche Menschen belohnen sich zum Beispiel mit einem guten Essen für eine erbrachte Leistung oder essen aus Kummer. Edle Speisen können eine gesellschaftliche Position dokumentieren. Viele Menschen essen gern in Gesellschaft.

Gesellschaftliche Veränderungen haben veränderte Ernährungsgewohnheiten zur Folge. Krankheiten, die durch veränderte Essgewohnheiten und Bewegungsmangel hervorgerufen werden können, gelten deshalb auch als Zivilisationskrankheiten. Typisch für unser heutiges Essverhalten ist zum Beispiel die Eile, mit der häufig gegessen wird.

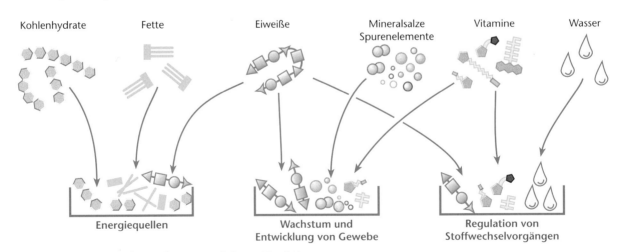

2 *Grundbausteine der Nahrung und deren Funktionen*

Zur Zeit der Frühmenschen	Heute
• Iss möglichst viel. • Iss möglichst viel Fett. • Vermeide Lebensmittel mit geringem Energiegehalt. • Iss, wann immer du dazu die Möglichkeit hast. • Bewege dich nur, wenn es sein muss.	• Iss nicht zu viel. • Iss wenig Fett. • Vermeide energiereiche Lebensmittel. • Iss nicht dauernd zwischendurch. • Bewege dich möglichst viel.

3 *Ernährungsregeln früher und heute*

4 *Faktoren, die das Ernährungsverhalten beeinflussen können*

1 Bedeutung der Nahrungsbestandteile. Fasse die wesentlichen Aussagen der Abbildung 2 in wenigen Merksätzen zusammen.

2 Betrachte Abbildung 1. Wie wirkt die dargestellte Situation auf dich? Beschreibe Gefühle und nenne Begriffe, die du mit der dargestellten Situation verbindest.

3 Ernährungsregeln früher und heute.
a) Vergleiche die in der Abbildung 3 formulierten Ernährungsregeln. Erläutere, inwiefern die Ernährungsregeln zur jeweiligen Lebensweise passen.
b) Interpretiere die folgende Aussage: „Was gesunde Ernährung ist, ändert sich mit den Bedingungen, unter denen Menschen leben." Finde Beispiele, die diese Meinung bestätigen können.

4 Faktoren, die das Ernährungsverhalten beeinflussen können. In Abbildung 4 sind Faktoren genannt, die die Nahrungswahl beeinflussen können. Erläutere acht dieser Faktoren an selbst gewählten Beispielen. Begründe, welche Beispiele für dich besonders zutreffend sind?

5 Essverhalten und Übergewicht. Erläutere, inwiefern unser heutiges Essverhalten eine Ursache für Übergewicht sein kann.

3.2 Gesunde Ernährung, aber wie?

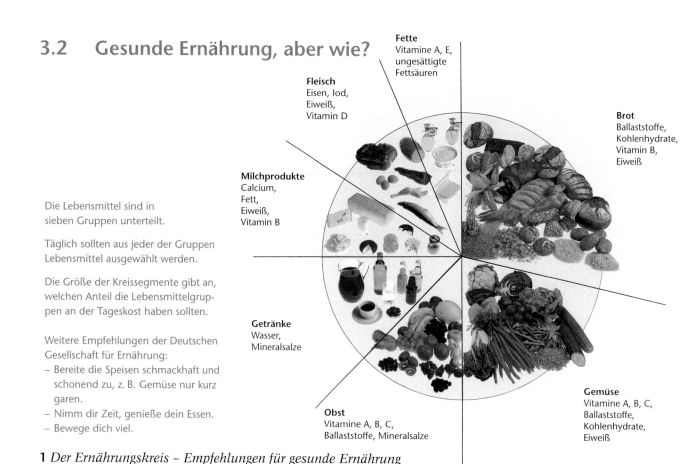

Fette
Vitamine A, E,
ungesättigte
Fettsäuren

Fleisch
Eisen, Iod,
Eiweiß,
Vitamin D

Brot
Ballaststoffe,
Kohlenhydrate,
Vitamin B,
Eiweiß

Milchprodukte
Calcium,
Fett,
Eiweiß,
Vitamin B

Die Lebensmittel sind in
sieben Gruppen unterteilt.

Täglich sollten aus jeder der Gruppen
Lebensmittel ausgewählt werden.

Die Größe der Kreissegmente gibt an,
welchen Anteil die Lebensmittelgrup-
pen an der Tageskost haben sollten.

Weitere Empfehlungen der Deutschen
Gesellschaft für Ernährung:
– Bereite die Speisen schmackhaft und
  schonend zu, z. B. Gemüse nur kurz
  garen.
– Nimm dir Zeit, genieße dein Essen.
– Bewege dich viel.

Getränke
Wasser,
Mineralsalze

Obst
Vitamine A, B, C,
Ballaststoffe, Mineralsalze

Gemüse
Vitamine A, B, C,
Ballaststoffe,
Kohlenhydrate,
Eiweiß

1 *Der Ernährungskreis – Empfehlungen für gesunde Ernährung*

Man spricht von **ausgewogener Ernährung,** wenn die Nahrung alle Nährstoffe sowie Wasser, Vitamine, Mineralsalze und Ballaststoffe in der Mischung enthält, die ein Mensch braucht, um gesund und leistungsfähig zu bleiben. Weil kein Nahrungsmittel für sich allein ausgewogen zusammengesetzt ist, wird eine abwechslungsreiche, vielseitige Ernährung empfohlen. Unausgewogene Ernährung kann auf Dauer die Gesundheit gefährden. Sie bedeutet heutzutage bei uns, dass zu fett, zu süß, zu salzig und zu viel gegessen wird.

Fehlernährung ist weltweit die häufigste Krankheitsursache. Dazu gehören Überernährung und **Unterernährung.** Vielen hundert Millionen Kindern weltweit mangelt es an Nährstoffen, häufig an Eiweißen, bestimmten Vitaminen und Mineralsalzen. Kinder, die bereits in den ersten Lebensjahren ständig Mangel leiden, bekommen häufiger ansteckende Krankheiten und lebensbedrohliche Durchfallerkrankungen. Ihre körperliche und geistige Entwicklung bleibt zurück.

Übergewicht entsteht durch **Überernährung,** also wenn dem Körper mehr Nährstoffe zugeführt werden, als er benötigt. In den vergangenen Jahrzehnten hat in den westlichen Industrienationen der Anteil an übergewichtigen Personen in allen Altersgruppen zugenommen. Übergewicht verursacht ein erhöhtes Risiko für Zuckerkrankheit, Arterienverkalkung, Bluthochdruck und verkürzt die Lebenserwartung. Man schätzt, dass in Deutschland (2006) fast hundert Milliarden Euro, das sind etwa ein Drittel der jährlichen Gesundheitskosten, auf Erkrankungen entfallen, die durch Fehlernährung bedingt oder mitbedingt sind.

Umfragen belegen, dass die Menschen in Deutschland genaue Vorstellungen von gesunder Ernährung haben. Im Alltag ist die Realisierung einer ausgewogenen Ernährung jedoch oft schwierig. Um dies zu erleichtern, formuliert die Deutsche Gesellschaft für Ernährung in regelmäßigen Abständen Ernährungsempfehlungen (Abb. 1).

38

1 Fehlernährung. Beschreibe verschiedene Formen von Fehlernährung und ihre Ursachen.

2 Gesunde Ernährung in Theorie und Praxis.
a) In Abbildung 2 ist eine Ernährungspyramide dargestellt. Die breite Basis bilden die Nahrungsmittel, die häufig verzehrt werden sollen. Vergleiche die in dieser Ernährungspyramide enthaltenen Empfehlungen mit denen der Deutschen Gesellschaft für Ernährung (Abb. 1). Notiere in einer Tabelle Übereinstimmungen und Unterschiede.
b) Welche Ernährungsempfehlungen der Abbildung 1 berücksichtigst du bereits? Von welchen kannst du dir vorstellen, dass du sie berücksichtigen könntest, welche möchtest du nicht berücksichtigen? Begründe deine Entscheidung.
c) Fasse die Umfrageergebnisse, die der Abbildung 3 zu entnehmen sind, zusammen. Erläutere mögliche Ursachen, die zu den Unterschieden zwischen Ideal und Realität führen.

3 Body-mass-index. Häufig wird der Körpermasse-Index (body-mass-index, BMI) für die Beurteilung der Körpermasse herangezogen. Der BMI ist der Quotient aus Körpermasse (in kg) und der Körpergröße (in m) zum Quadrat. Ab einem BMI von 30 und höher geht man von deutlichem Übergewicht, unter 19 von deutlichem Untergewicht aus. Berechne für die in der Tabelle genannten Personen den BMI.

	Körpergröße	Körpermasse
Angelina Jolie (Schauspielerin)	1,70 m	57,0 kg
Heidi Klum (Model)	1,78 m	54,0 kg
Michael Ballack (Fußballer)	1,89 m	80,0 kg
Ralf Möller (Mister Universum)	1,97 m	130,0 kg

4 Lebensmittel und Werbung.
a) Erläutere, welche Informationen der Abbildung 4 zu entnehmen sind.
b) Untersuche Zeitschriftenwerbung. Notiere, für welche Lebensmittel wie oft geworben wird. Fertige mit den von dir ermittelten Daten eine der Abbildung 4 ähnliche Grafik an.

2 *Ernährungspyramide aus dem Jahr 2003*

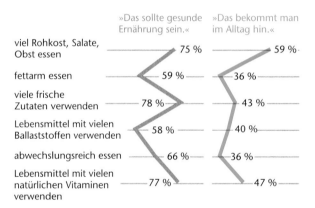

3 *Umfrageergebnis zur Ernährung, Selbsteinschätzung der Befragten*

4 *Lebensmittel und Werbung*

3.3 Nahrung versorgt den Körper mit Energie

Tätigkeiten	Kilojoule pro Stunde
ruhiges Liegen	350
ruhiges Stehen	420
Gehen, 3 km/h	1000
Gehen, 8 km/h	2100
Schwimmen, 0,6 km/h	880
Schwimmen, 4,2 km/h	2500
Radfahren, 9 km/h	880
Radfahren, 30 km/h	3100
Laufen, 11 km/h	2200
Laufen, 19 km/h	4100
Büroarbeit	ca. 380 – 470

1 *Ungefährer Gesamt-Energiebedarf eines 35-jährigen Mannes mit 70 kg Körpermasse*

Alter		durchschnittlicher Energiebedarf in kJ pro Tag
10–13	Jungen	9410
13–15	Jungen	10 460
15–19	Jungen	12 550
19–25	Männer	10 880
10–13	Mädchen	9000
13–15	Mädchen	9620
15–19	Mädchen	10 040
19–25	Frauen	9200

2 *Täglicher Gesamt-Energiebedarf und Alter*

Die Bewegung unserer Muskeln, die Aufnahme und Verarbeitung von Sinnesreizen, Atmung, Herztätigkeit und die Aufrechterhaltung der Körpertemperatur: all dies sind Leistungen unseres Körpers, für die Energie benötigt wird. Auch in völliger Ruhe benötigt der Körper Energie, dieser Energiebedarf heißt **Grundumsatz.** Er beträgt beim Menschen etwa 6000–7000 Kilojoule pro Tag. Wenn wir Tätigkeiten verrichten, ist unser Energiebedarf höher (Abb. 1). Den über den Grundumsatz hinausgehenden Energiebedarf bezeichnet man als **Leistungsumsatz.** Der **Gesamtumsatz** ist die Summe aus Grundumsatz und Leistungsumsatz. Der Energiebedarf ist auch abhängig vom Alter und vom Geschlecht (Abb. 2).

Wir beziehen Energie aus dem Abbau von Nährstoffen. Diese Stoffe enthalten chemische Energie. Für die Energiefreisetzung sind vor allem Kohlenhydrate und Fette von Bedeutung. Bei der Verdauung werden die Nährstoffe zunächst in kleinere Bausteine zerlegt, Kohlenhydrate zum Beispiel in Glucose-Moleküle. Sofern die Moleküle nicht dem Aufbau körpereigener Substanz dienen, werden sie in den Zellen bei der Zellatmung oxidiert. Dabei wird Energie frei, die der Körper nutzen kann.

Enthalten die mit der Nahrung aufgenommenen Nährstoffe mehr Energie, als vom Körper benötigt wird, kann es zu Übergewicht kommen. Überschüssige Kohlenhydrate werden in Fette umgewandelt und als Depotfett im Körper abgelagert. Es hängt von der Bilanz zwischen Nährstoffaufnahme und Energiebedarf ab, ob die Depotfette aufgebraucht oder vergrößert werden.

Was ist Energie ?

- Energie kann in verschiedenen Formen auftreten. Man spricht zum Beispiel von elektrischer, mechanischer, chemischer oder von Wärme-, Bewegungs- oder Lichtenergie.

- Energie kann nicht neu geschaffen oder verbraucht werden. Sie wird immer nur von einer Energieform in eine andere umgewandelt.

- In Stoffen ist chemische Energie gespeichert. Die in der Nahrung enthaltenen Nährstoffe enthalten viel chemische Energie, die unser Körper teilweise nutzen kann. Wenn wir uns bewegen, wird diese Energie in Bewegungsenergie und Wärme umgewandelt.

- Die Einheit der Energie ist das Joule (J). 1000 J sind 1 Kilojoule (kJ). 4,18 kJ werden etwa benötigt, um einen Liter Wasser um ein Grad Celsius zu erwärmen.

- 1 g Kohlenhydrate liefern im Körper etwa 17 kJ Energie, 1 g Fett liefert etwa 39 kJ Energie.

3 *Stichwort: Energie*

Nahrungsmittel 100 g enthalten:	Eiweiß in g	Fett in g	Kohlenhydrate in g
Joghurt	3,9	3,7	4,6
Käse	28,7	29,7	–
1 Ei	7,1	6,2	0,4
Butter	0,7	83,2	0,7
Schweinefleisch	16,4	19,0	–
Mettwurst	12,6	45,0	–
Huhn	22,8	0,9	–
Fischstäbchen	140	4,0	10,0
Haferflocken	13,5	7,4	66,4
Reis	7,4	2,2	75,4
Nudeln	13,3	2,78	71,9
Roggenbrot, 2 Scheiben	6,7	1,0	51,5
Kartoffeln	1,0	0,2	8,7

4 *Nährstoffgehalt verschiedener Lebensmittel*

Kohlenhydrate	Fett	Eiweiß
35 g	27 g	30 g

5 *Nährstoffgehalt eines Hamburgers*

1 **Energie.**
a) Erläutere mit eigenen Worten, was du unter Energie verstehst. Veranschauliche deine Ausführungen durch geeignete Beispiele.
b) Erläutere die Begriffe Grundumsatz und Leistungsumsatz. Gib mithilfe von Abbildung 1 an, wie hoch der Grundumsatz ist. Berechne den Leistungsumsatz bei den dort genannten Tätigkeiten. Begründe die Unterschiede.

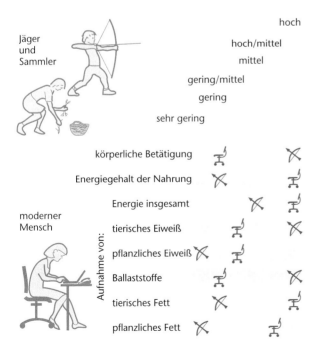

6 *Essen und Leben früher und heute*

2 **Energie und Nahrung.**
a) Berechne an 3 Beispielen den Energiegehalt von jeweils 100 g der in Abbildung 4 genannten Lebensmittel.
b) Ein 15-jähriger Junge hat einen täglichen Energiebedarf von 12 550 kJ. Der Junge isst im Verlauf des Tages vier Scheiben Roggenbrot, 50 g Käse, 50 g Mettwurst, 50 g Butter, 100 g Kartoffeln und 200 g Schweinefleisch. Kann er seinen Energiebedarf damit decken?
c) Bei einer Mahlzeit isst eine Person 300 g Nudeln. Wie lange könnte sie mit der darin enthaltenen Energie gehen oder laufen? Verwende die Daten aus Abbildung 1 und 4.

3 **Ein Hamburger zwischendurch?** Der in Abbildung 5 abgebildete Hamburger wiegt 250 g. Er enthält 30 g Eiweiß, 35 g Kohlenhydrate und 27 g Fett. Berechne den Energiegehalt des Hamburgers. Wieviel Prozent des täglichen Energiebedarfs eines 15-jährigen Mädchens ließen sich damit decken? Berücksichtige die Daten aus Abbildung 2.

4 **Essen und Leben früher und heute.**
a) Vergleiche die in Abbildung 6 dargestellten Lebens- und Ernährungsweisen.
b) Gib für jeden der in der Abbildung 6 genannten Aspekte mögliche Gründe für die Unterschiede an.
c) Eskimos essen sehr fett. Erläutere, inwiefern es sich für diese Personengruppe um eine sinnvolle Ernährungsweise handelt?

41

3.4 Energie

Der Alltag zeigt es uns: Ohne Energie geht nichts. Das Frühstücksei, die Zeitung, das Telefon, das warme Zimmer, aber auch Herzschlag und Gehirntätigkeit – all das wäre nicht ohne Energie. Es gibt in der Natur, bei den Lebewesen und beim Menschen keinen Vorgang, der ohne Energie abläuft.

Glossar einiger Energie-Begriffe

Energieformen: sind unter anderem chemische Energie (z. B. in Nährstoffen), Strahlungsenergie (z. B. Lichtenergie), potenzielle Energie (Lageenergie), kinetische (Bewegungs-) Energie, elektrische Energie, Kernbindungs-Energie („Kernenergie") und Wärmeenergie.

Energieerhaltung: Energie kann weder vernichtet noch neu geschaffen werden. Bei allen Energieumwandlungen bleibt die Energie vollständig erhalten, es ändert sich lediglich die Energieform. Daher sind solche Begriffe wie „Energieverlust" oder „Energieerzeugung" oder „Energieverbrauch" nicht stimmig – auch wenn sie umgangssprachlich häufig genutzt werden.

Energiewandlung: liegt dann vor, wenn eine Energieform in eine andere Energieform umgewandelt wird. So betrachtet ist der Mensch ein Energiewandler, der chemische Energie aus der Nahrung unter anderem in Bewegungsenergie und Wärmeenergie umwandeln kann. In einer Batterie wird chemische Energie in elektrische Energie gewandelt. Eine grüne Pflanze wandelt Strahlungsenergie (Licht) in chemische Energie und Wärme um.

Energiefluss: bezeichnet die Weitergabe von Energie über eine Kette von Energiewandlern (Abb. 1). Eine Kartoffel-Pflanze wandelt in ihren grünen Blättern Lichtenergie der Sonne in chemische Energie der Nährstoffe und in Wärme um. Die Kartoffel wird von einem Menschen gegessen. Beim Fahrradfahren wird die chemische Energie der Nährstoffe der Kartoffel in Bewegungsenergie und in Wärme gewandelt. Ist der Dynamo am Fahrrad angeschaltet, wird ein Teil der Bewegungsenergie in elektrische Energie und Wärme gewandelt und schließlich ergibt sich Strahlungsenergie (Licht) und Wärme. Wegen der Energieentwertung wird die nutzbare Energie bezogen auf die primär eingesetzte Energie von Stufe zu Stufe deutlich geringer.

Energieentwertung: Die verschiedenen Energieformen sind aus Sicht des Menschen unterschiedlich gut nutzbar. Ein Beispiel: Beim Autofahren wird die chemische Energie des Benzins in Bewegungsenergie und zum größeren Teil in Wärme gewandelt. Weil die Wärmeenergie nicht weiter nutzbar ist, spricht man von Energieentwertung. Im Allgemeinen hat die Energieentwertung erhebliche Ausmaße. Wärme ist zwar für die Lebensvorgänge vieler Organismen wichtig, jedoch ist Wärme für alle Lebewesen eine Energieform, die sie nicht mehr in irgendeine andere Energieform wandeln können.

Erneuerbare (regenerative) Energien: Ein Sammelbegriff für alle Energien, die immer wieder erneuert werden und nicht erschöpfen. Sonnenlicht, Biomasse, Windenergie, Wasserkraft, Holz gehören unter anderem zu den erneuerbaren Energien.

Fossile Brennstoffe: sind Produkte aus Biomasse, die vor mehreren hundert Millionen Jahren aus abgestorbenen Lebewesen durch biologische und geologische Prozesse entstanden. Kohle, Erdöl und Erdgas gehören dazu. Ihre Energie ist letztlich auf das Sonnenlicht längst vergangener Zeiten zurückzuführen.

Energieeinsparung: kann auf zweierlei Weise geschehen: Entweder wird an der Energie gespart, etwa die Raumtemperatur im Winter abgesenkt, oder die Effizienz (Wirksamkeit) der Energienutzung wird erhöht, zum Beispiel können konventionelle Glühlampen durch Energiesparlampen ersetzt werden. Im Reich der Lebewesen haben sich im Laufe der Evolution vielfältige Merkmale, Vorgänge und Verhaltensweisen ausgebildet, die sparsam und effizient Energie nutzen.

Wirkungsgrad der Energie: das Verhältnis der nutzbaren zur eingesetzten Energie

1 Energieflussdiagramm.

a) Erläutere mithilfe der Begriffe auf der Grundwissenseite das Energieflussdiagramm in Abbildung 1. Beachte dabei auch die Bedeutung der Energieentwertung.

b) Die Abbildung 1 kann im Hinblick auf den Energiefluss verbessert werden. Beschreibe und begründe, wie die Verbesserung aussehen könnte.

2 Energiewandlungen und die Bedeutung des Sonnenlichts.

a) Erläutere an fünf selbst gewählten Beispielen aus Abbildung 2 Energiewandlungen.

b) Beschreibe, welche verschiedenen Energiewandlungen tierische Lebewesen und der Mensch durchführen?

1 *Beispiel für Energiefluss*

c) Begründe, warum das Sonnenlicht die wichtigste Energiequelle auf der Erde ist. Beachte dabei auch, dass die chemische Energie fossiler Energieträger letztlich auf die Energie des Sonnenlichts zurückzuführen ist.

3 Energiewandlungen und Energiefluss.

Fertige für drei selbst gewählte Beispiele je eine Skizze eines Energieflussdiagramms ähnlich der Abbildung 1 an. Jedes der drei Beispiele soll mit der Sonne beginnen und die Fotosynthese einbeziehen.

zugeführte Energieform \ abgegebene Energieform	Bewegungs-energie	elektrische Energie	Wärme-energie	Licht-energie	chemische Energie
Bewegungs-energie	Wind-mühle	Fahrrad-dynamo	reibende Hände		
elektrische Energie	Ventilator	Transformator	Tauchsieder	Leuchtdiode	Akkuladegerät
Wärme-energie	Dampflok	Thermoelement	Heizkörper	glühende Bremsen	
Licht-energie	Lichtmühle	Solarzelle	Sonnenkollektor	Spiegel	Fotosynthese
chemische Energie	Bewegung	Batterie	Gas-brenner	chemisches Licht	Verdauung

2 *Beispiele für Energiewandlungen*

3.5 Vitamine, Mineralsalze, Zusatzstoffe

Vitamine sind Stoffe, die schon in kleinsten Mengen lebenswichtige Funktionen erfüllen. Mit Ausnahme des Vitamins D kann der menschliche Körper Vitamine nicht selbst herstellen. Er ist deshalb auf eine regelmäßige Versorgung mit Vitaminen aus der Nahrung angewiesen. Vitamine gehören deshalb zu den **essenziellen Nahrungsbestandteilen.** Fehlt ein Vitamin längere Zeit in der Nahrung, kann das zu Vitamin-Mangelerkrankungen führen (Abb. 1, 2). Bei uns sind solche Erkrankungen sehr selten. Eine abwechslungsreiche Ernährung versorgt den Körper ausreichend mit Vitaminen. Eine zu hohe Aufnahme von Vitaminen, zum Beispiel durch künstliche Vitaminpräparate, kann den Körper schädigen. Man unterteilt Vitamine in Gruppen, die mit einem Großbuchstaben versehen sind. Nach der Art ihres Transportes im Körper unterscheidet man die fettlöslichen Vitamine A, D, E, K und die wasserlöslichen Vitamine B und C.

Mineralsalze, wie die Ionen von Natrium, Kalium, Chlor, Phosphor, Schwefel, Calcium und Magnesium, sind ebenfalls Bestandteile der Nahrung. Natrium- und Kaliumionen werden beispielsweise für die Nervenfunktion benötigt. Kalzium- und Phosphationen sind wichtig für einen stabilen Knochenbau, Magnesiumionen regeln viele Stoffwechselvorgänge. Wenn der tägliche Bedarf eines Mineralsalzes geringer als 100 Milligramm ist, spricht man auch von einem **Spurenelement.** Lebenswichtige Spurenelemente sind die Ionen von Eisen, Kupfer, Zink, Kobalt, Jod, Fluor, Mangan und Selen.

Zusatzstoffe werden einem Nahrungsmittel bei der Herstellung bewusst zugesetzt. Dazu gehören unter anderem Konservierungsmittel sowie Farbstoffe, Aromastoffe und Süßungsmittel. Zusatzstoffe werden häufig mit einer E-Nummer auf der Verpackung gekennzeichnet.

Skorbut und Scharbockskraut.
Die Krankheit Skorbut war früher bei Seefahrern berüchtigt. Erste Symptome zeigten sich in starker Müdigkeit, Zahnfleischblutungen und verstärkter Anfälligkeit gegenüber Infektionskrankheiten. Die Krankheit galt als unheilbar, bis der englische Schiffsarzt JAMES LIND im Jahre 1752 bewies, dass die vorbeugende Einnahme von Zitronensaft Skorbut verhinderte. LIND gab zwölf erkrankten Personen eine Kost, die mit verschiedenen Substanzen kombiniert wurde. Je zwei Personen erhielten Apfelwein, verdünnte Schwefelsäure, Essig, Meerwasser oder Zitrusfrüchte. LIND fiel auf, dass bei den Personen, die die Zitrusfrüchte erhalten hatten, die Symptome zurückgingen. Später erwiesen sich auch frische Kartoffeln und Sauerkraut sowie Kräuter wie Scharbockskraut und Löffelkraut als wirksam gegen Skorbut.

Julius Bernhard Rohr (1688–1742) behauptet, es bestünde eine Beziehung zwischen dem Vorkommen von Heilpflanzen und der Häufigkeit von Krankheiten. Als Beispiel führt er das Scharbockskraut (Skorbutkraut) an. …
„So gibt die göttliche Vorsehung den Seeleuten ein bequemes Mittel gegen den Skorbut in die Hand." (aus dem Text zur Zeichnung)

1 *Heilkräuter-Buch aus dem Jahre 1773, mit Zeichnung des Scharbockskrautes*

2 *Skorbut und Scharbockskraut*

44

3 *Vitamin-C-Teststäbchen*

1 **Internetrecherche zu Vitaminen.** Recherchiere im Internet nach Vitaminen. Fertige eine Tabelle an, die Auskunft darüber gibt, in welchen Nahrungsmitteln das jeweilige Vitamin besonders häufig vorkommt und welche Funktion und Bedeutung es im Körper hat.

2 **Kurzreferat zu Vitamin-A- und Vitamin-C-Mangel.** Halte ein Kurzreferat zu Vitamin-C-Mangel (Abb. 1, 2) und zu Vitamin-A-Mangel (Abb. 4). Beachte dabei Ursachen, Folgen und Behandlungsmöglichkeiten.

3 **Versuche: Nachweis von Vitamin C und Veränderungen des Vitamin-C-Gehalts durch Kochen.** Vitamin-C-Teststäbchen zeigen durch eine Farbveränderung den Vitamin C Gehalt an (Abb. 3).

Jedes Jahr erblinden in den Entwicklungsländern über 200 000 Kinder. In vielen Regionen Afrikas können Babys und Kleinkinder in der Dämmerung kaum mehr sehen. In ihren Augen treten schaumig weiße Flecken auf. Die Kinder meiden das Licht und haben oft lange Zeit die Augen geschlossen. Schließlich vereitert die Hornhaut und löst sich binnen drei bis vier Stunden völlig auf. Die Kinder erblinden. Verursacht wird die Erblindung durch Vitamin-A-Mangel. Schwerer Vitamin-A-Mangel kann noch drastischere Folgen haben. Die Kinder sterben an Infektionskrankheiten, die ihr Körper nicht mehr bekämpfen kann.

Das Kinderhilfswerk der Vereinten Nationen (UNICEF) versucht das Augenlicht und das Leben der Kinder mit Hilfsprogrammen zu schützen. Es unterstützt drei Wege zum Schutz vor Vitamin-A-Mangel:

1. Vitamin-A-Kapseln. Sie beseitigen Vitamin-A-Mangel. Drei Kapseln pro Jahr schützen die Kinder wirkungsvoll vor Erblindung und Tod.

2. Vitamin A in Lebensmitteln. In einigen Ländern unterstützt UNICEF Programme zur Anreicherung von Lebensmitteln mit Vitamin A.

3. Vitaminreiche Ernährung. Viele Mütter wissen zu wenig über vitaminreiche Ernährung. Hier informiert UNICEF die Mütter, wie wichtig gesunde Ernährung für die Entwicklung der Kinder ist. UNICEF hilft den Familien in Entwicklungsländern beim Anlegen von Gemüsegärten.

4 *Vitamin-A-Mangel in Entwicklungsländern*

a) Prüfe mit solchen Teststäbchen den Gehalt an Vitamin C in verschiedenen, frisch gepressten Säften.

b) Plane Versuche zu der Frage, wie drei Minuten langes Kochen den Vitamin-C-Gehalt in frisch gepresstem Orangensaft beeinflusst. Führe die Versuche durch und fertige ein Versuchsprotokoll an. Beachte dabei folgende experimentelle Schritte:

– Problemfrage
– Hypothesen
– Versuchsplanung
– Versuchsdurchführung
– Ergebnis
– Ergebnis-Auswertung in Bezug auf die Hypothesen
– Fehlerdiskussion

45

Versuche durchführen

Biologen, Physiker und Chemiker sowie andere Naturwissenschaftler versuchen, die Gesetzmäßigkeiten der Natur zu erforschen und zu verstehen. Ein Weg, um Erkenntnisse über die Natur zu gewinnen, sind Versuche.

Versuche werden nach einem bestimmten Ablauf durchgeführt (Abb. 2). Hier geht es um die Frage, ob Kochen von Orangensaft den Gehalt an Vitamin C verändert?

1 *Der Gehalt an Vitamin C in Orangensaft kann mit Teststreifen gemessen werden*

Beobachtung	Mit Teststreifen kann man nachweisen, dass Gemüse und Obst Vitamin C enthält. Bei der Zubereitung von Essen werden Vitamin-C-haltige Nahrungsmittel oft erhitzt und gekocht.
Problemfrage	Wie beeinflusst drei Minuten langes Kochen den Gehalt an Vitamin C in frisch gepresstem Organsaft?
Hypothesen (Vermutungen)	Hypothese 1: Die Vitamin-C-Konzentration bleibt unverändert. Hypothese 2: Die Vitamin-C-Konzentration erhöht sich. Hypothese 3: Die Vitamin-C-Konzentration nimmt ab.
Versuch: Planung, Durchführung	Zwei Gläser werden mit frisch gepresstem Orangensaft je zur Hälfte gefüllt. Ein Glas wird nicht erhitzt (Kontrollversuch), die Flüssigkeit im anderen Glas wird erhitzt und drei Minuten gekocht, anschließend abgekühlt. Danach wird mit Teststäbchen in beiden Gläsern der Vitamin-C-Gehalt gemessen.
Ergebnis	Der Vitamin-C-Gehalt ist in drei Minuten lang gekochtem Orangensaft geringer als in ungekochtem Orangensaft.
Ergebnis-Auswertung in Bezug auf die Hypothesen	In diesem Versuch wurde die Hypothese 3 bestätigt, die beiden anderen Hypothesen nicht.
Fehlerdiskussion	Welche Fehlerquellen könnten dem Ergebnis zu Grunde liegen? Zum Beispiel: Teststreifen zu alt, nicht mehr brauchbar; Teststreifen nicht lange genug in die Flüssigkeit getaucht; durch das Kochen ging viel Flüssigkeit verloren, so dass Stoffe in der Flüssigkeit konzentrierter wurden, …
Übertragung	Es wird geprüft, ob das Ergebnis auf ähnliche Sachverhalte übertragen werden kann, zum Beispiel auf Gemüsesaft oder gekochte Kartoffeln. Unter Umständen ergeben sich neue Problemfragen, die weitere Versuche erfordern.

2 *Durchführung eines Versuchs*

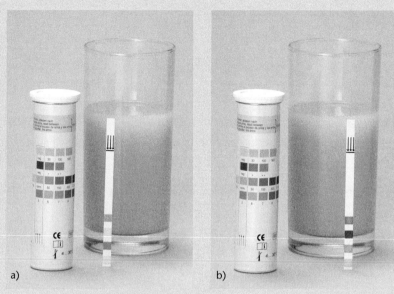

a)   b)

3 *Die Messergebnisse des Versuchs*

---

15. März 2006

Versuchsprotokoll

Beobachtung:	Gemüse und Früchte werden oftmals bei der Nahrungszubereitung gekocht.
Problemfrage:	Wird durch Kochen der Vitamin-C-Gehalt beeinflusst?
Hypothesen:	(1) Der Vitamin-C-Gehalt bleibt unverändert, (2) nimmt zu, (3) nimmt ab.
Versuch:	Vitamin-C-Teststäbchen; frisch gepresster Orangensaft; zwei Gläser etwa halb voll mit gleichem Volumen Orangensaft befüllt; der Inhalt des einen Glases wird erhitzt und drei Minuten gekocht; anschließend abkühlen lassen; dann messen; der Kontrollversuch wird nicht erhitzt.
Ergebnis:	Der Vitamin-C-Gehalt ist in drei Minuten lang gekochtem Orangensaft geringer als in ungekochtem Orangensaft. Hypothese 3 bestätigt, die beiden anderen Hypothesen konnten in diesem Versuch nicht bestätigt werden.
Fehlerdiskussion:	Die Teststreifen wurden unterschiedlich lang in die beiden Gläser eingetaucht; das könnte das Messergebnis beeinflusst haben.

4 *Beispiel für ein Versuchsprotokoll*

Um die Ergebnisse von Versuchen zu dokumentieren, werden Protokolle geschrieben. Darin werden die Schritte des Versuchs beschrieben (Abb. 4). Ein sorgfältiges Protokoll ermöglicht es anderen, die Ergebnisse nachzuvollziehen und zu überprüfen.

1 Vitamin-C-Gehalt und Dauer des Kochens. Entwirf eine Versuchsreihe, in der die Abhängigkeit des Vitamin-C-Gehalts von der Dauer der Kochzeit untersucht wird. Führe die Versuchsreihe durch und fertige ein Protokoll an.

3.6 Die Verdauung von Kohlenhydraten

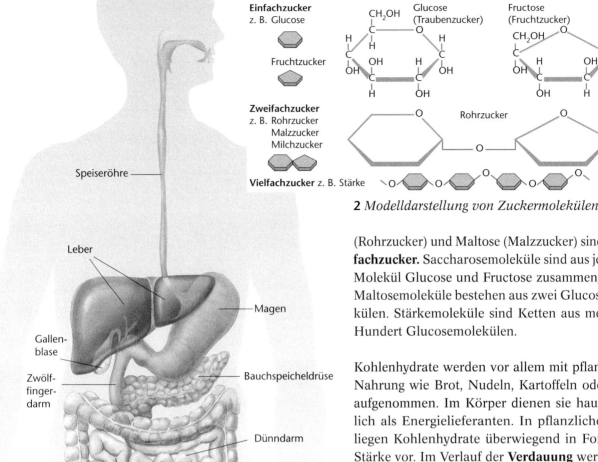

Einfachzucker
z. B. Glucose

Fruchtzucker

Zweifachzucker
z. B. Rohrzucker
Malzzucker
Milchzucker

Vielfachzucker z. B. Stärke

Glucose (Traubenzucker)

Fructose (Fruchtzucker)

Rohrzucker

2 *Modelldarstellung von Zuckermolekülen*

Speiseröhre

Leber

Gallen-
blase

Zwölf-
finger-
darm

Magen

Bauchspeicheldrüse

Dünndarm

Dickdarm

Blind-
darm

Wurmfortsatz

Mastdarm

After

1 *Weg der Nahrung bei der Verdauung*

Kohlenhydrate bestehen aus den Elementen Kohlenstoff, Wasserstoff und Sauerstoff. Kohlenhydrate sind aus Zuckermolekülen aufgebaut. **Einfachzucker** bestehen nur aus einem Zuckermolekül. Die häufigsten Einfachzucker sind Glucose (Traubenzucker) und Fructose (Fruchtzucker). Saccharose (Rohrzucker) und Maltose (Malzzucker) sind **Zweifachzucker.** Saccharosemoleküle sind aus je einem Molekül Glucose und Fructose zusammengesetzt. Maltosemoleküle bestehen aus zwei Glucosemolekülen. Stärkemoleküle sind Ketten aus mehreren Hundert Glucosemolekülen.

Kohlenhydrate werden vor allem mit pflanzlicher Nahrung wie Brot, Nudeln, Kartoffeln oder Obst aufgenommen. Im Körper dienen sie hauptsächlich als Energielieferanten. In pflanzlicher Kost liegen Kohlenhydrate überwiegend in Form von Stärke vor. Im Verlauf der **Verdauung** werden die wasserunlöslichen Stärkemoleküle schrittweise in wasserlösliche Einfachzucker gespalten, die dann vom Darm in das Blut aufgenommen werden.

Bereits der Anblick der Nahrung regt die Mundspeicheldrüsen zur Ausschüttung von Speichel an. Im Speichel ist das Enzym Amylase enthalten, das Stärkemoleküle in Maltosemoleküle zerlegt. Der Speisebrei gelangt durch Speiseröhre und Magen in den Dünndarm. Die Bauchspeicheldrüse gibt Verdauungssäfte in den Zwölffingerdarm, den ersten Teil des Dünndarms, ab. Unter anderem sind darin Enzyme enthalten, die die Kohlenhydrate in Einfachzucker wie Glucose oder Fructose spalten. Das Enzym Maltase zum Beispiel spaltet Maltosemoleküle in Glucosemoleküle. Als Einfachzucker werden Kohlenhydrate durch die Dünndarmwand in das Blut aufgenommen und mit dem Blut zu allen Zellen des Körpers transportiert.

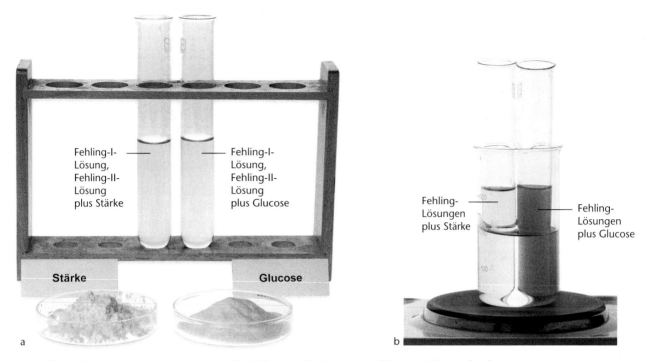

a

b

3 *Fehling-Test, a) Ausgangssituation, b) Erhitzen der Reagenzgläser im Wasserbad*

1 **Versuch: Nachweis von Zucker und Stärke in Nahrungsmitteln.**
a) Gib in vier Reagenzgläser je drei Milliliter Fehling-I(X_n)- und Fehling-II-Lösung (C). Vermische die Lösungen. Gib dann in Reagenzglas
– 1 einige Haferflocken,
– 2 einige Apfelstückchen,
– 3 einige Zwiebelstückchen,
– 4 einige Brotkrümel.
Erwärme die Lösungen für einige Minuten in einem etwa 70 °C warmen Wasserbad. Erkläre die Versuchsbeobachtungen.
b) Überprüfe mit Iod-Kalium-Iodidlösung, ob die in Versuch a untersuchten Nahrungsmittel Stärke enthalten.
c) Formuliere ein zusammenfassendes Ergebnis der Versuche a und b.

2 **Die Wirkung von Speichel.**
a) Beschreibe die in Abbildung 4 dargestellten Versuche a, b und c.
b) Erläutere, welches Ergebnis du im Versuch c erwartest.

c) Beschreibe einen Versuch, mit dem du das von dir erwartete Versuchsergebnis in Versuch 3 praktisch belegen könntest. Wende dabei bekannte Nachweisreaktionen an.

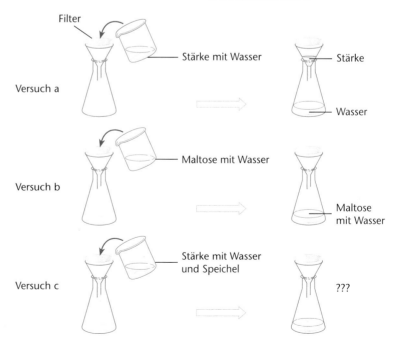

4 *Versuch zur Wirkung von Speichel*

3.7 Die Verdauungsorgane

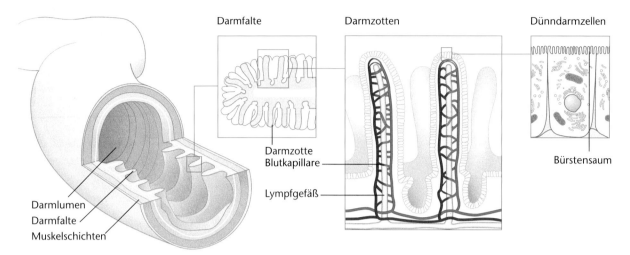

Darmfalte Darmzotten Dünndarmzellen

Darmzotte
Blutkapillare

Lympfgefäß

Bürstensaum

Darmlumen
Darmfalte
Muskelschichten

1 *Oberflächenvergrößerung im Dünndarm*

Bei der **Verdauung** werden Nährstoffe in kleine, wasserlösliche Bausteine zerlegt, die in das Blut aufgenommen und im Körper verteilt werden. Die Verdauung findet in Verdauungsorganen statt.

Im **Mund** wird die Nahrung mechanisch zerkleinert und eingespeichelt. Der entstehende flüssige Nahrungsbrei wird nach dem Schlucken schubweise durch die Speiseröhre in den Magen befördert. Dafür sind Muskeln verantwortlich, die die Speiseröhre jeweils hinter der Nahrungsportion zusammenziehen.

Im **Magen** wird der Nahrungsbrei durch die Tätigkeit der Magenmuskulatur mit Magensaft vermischt. Er enthält Wasser, Salzsäure, Schleim und Enzyme, die Proteine abbauen. Salzsäure tötet die meisten Bakterien ab. Magenschleimhautzellen produzieren einen Schleim, der die Magenwand vor Salzsäure und Enzymen schützt. Übermäßiger Alkoholgenuss, Rauchen oder andauernder Stress kann die Ausbildung des Magenschleims behindern und zu Entzündungen der Magenschleimhaut oder zu Magengeschwüren führen.

Der Speisebrei gelangt dann portionsweise in den **Dünndarm.** Dort wird er mit Verdauungssäften aus Bauchspeicheldrüse und Leber, dem Gallensaft, vermischt. Im Dünndarm werden die Nährstoffe

endgültig in ihre Bausteine zerlegt. Über die Dünndarmwand gelangen diese Bausteine in das Blut. Diesen Vorgang bezeichnet man als **Resorption.** Betrachtet man die innere Oberfläche des Dünndarms, fallen zunächst zahlreiche Darmfalten auf. Diese besitzen kleine Ausstülpungen, die Darmzotten. An ihrer Oberfläche besitzen die Zellen der Darmzotten einen feinen Bürstensaum. Insgesamt wird durch diese Ausstülpungen die innere Oberfläche des Dünndarms auf 200 Quadratmeter vergrößert. Über diese große Oberfläche können Stoffe sehr effektiv aufgenommen werden.

Der nicht resorbierte Darminhalt gelangt in den Dickdarm. Dort wird er eingedickt, indem ihm Wasser und Salze entzogen werden. Im Dickdarm leben Billionen nützlicher Bakterien. Sie zerlegen einige der ansonsten unverdaulichen Stoffe. Unverdauliche Stoffe nennt man Ballaststoffe. Ein Ballaststoff ist zum Beispiel Cellulose, ein Bestandteil pflanzlicher Zellwände. Im Körper des Menschen gibt es keine Enzyme, die Cellulose abbauen können. Cellulose regt als Ballaststoff jedoch die Darmtätigkeit an. Der Kot, der schließlich ausgeschieden wird, enthält unverdauliche Nahrungsreste, Enzymrückstände, abgestorbene Darmzellen und Bakterien.

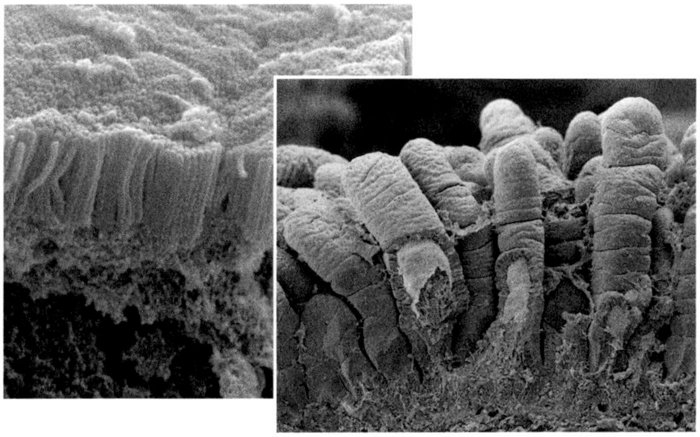

2 *Dünndarmwand mit Darmzotten*

1 Funktion des Dünndarms.
a) Erläutere, welcher Zusammenhang zwischen dem Aufbau der Innenfläche des Dünndarms und seiner Funktion besteht.
b) Beschreibe Abbildung 2. Welche Strukturen des Dünndarms sind abgebildet?

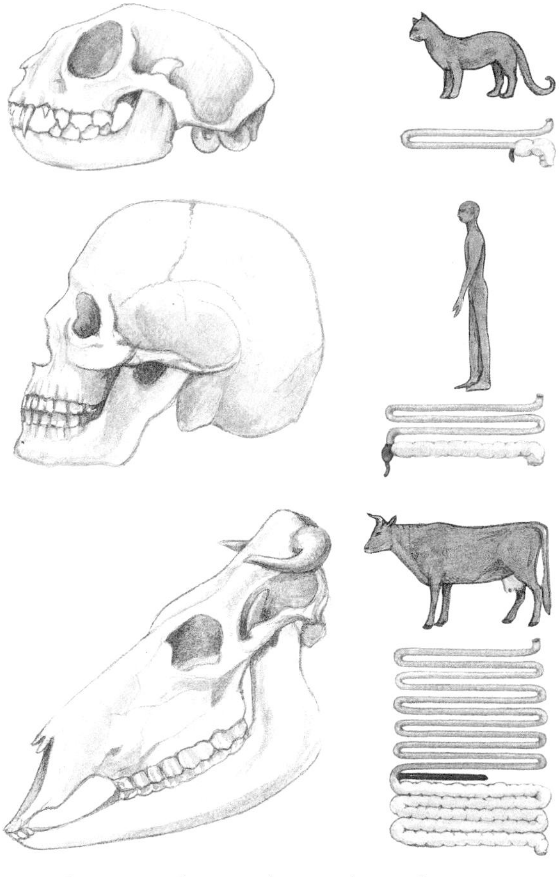

3 *Nahrung, Gebiss und Darmlänge bei Katze, Mensch und Rind*

2 Nahrung, Gebiss und Darmlänge. Formuliere anhand von Abbildung 3 Zusammenhänge zwischen Nahrung, Gebiss und Darmlänge eines Lebewesens. Finde eine Erklärung für die gefundenen Zusammenhänge.

3 Fließdiagramm zur Verdauung. Lies den Text auf der Grundwissenseite. Unterteile die Verdauung in verschiedene Abschnitte. Gib jedem Abschnitt einen Namen und beschreibe in Stichworten das Wesentliche von jedem Abschnitt. Erstelle daraus ein Fließdiagramm.

Mund:
Mechanische Zerkleinerung mit den Zähnen, Speichel macht den Nahrungsbrei flüssiger...

4 Verschiedene Funktionen, ein Prinzip? Drei der vier Bilder in Abbildung 4 sollen ein Prinzip verdeutlichen. Ein Bild passt nicht zu diesem Prinzip.
a) Um welches Prinzip handelt es sich? Was hat dieses Prinzip mit der Funktion von Verdauungsorganen zu tun?
b) Welcher Zusammenhang besteht jeweils zwischen der Struktur und der Funktion der abgebildeten Objekte?
c) Welches Bild passt nicht? Begründe deine Ansicht.

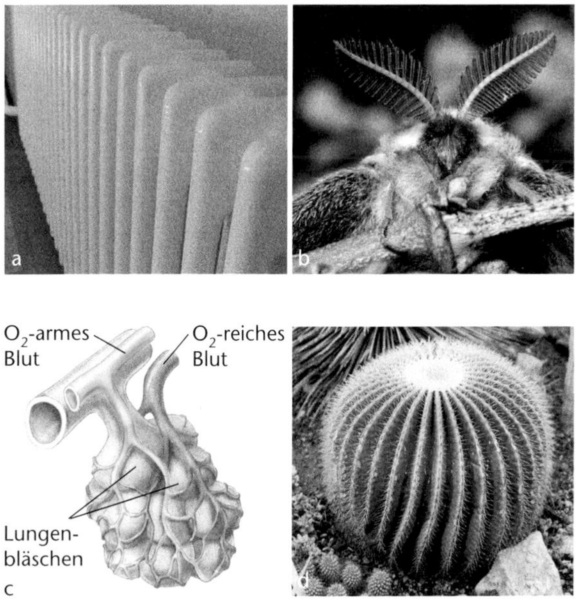
a
b
O_2-armes Blut
O_2-reiches Blut
Lungenbläschen
c
d

4 *Ein Prinzip?*

Eine Mindmap erstellen

Wenn du ein Referat über das Thema „Nährstoffe" vorbereitest, hilft dir eine Mindmap, dein Wissen und deine Gedanken zu gliedern. Eine Mindmap erstellt man in sechs Schritten:

1. Schritt

Nimm ein Blatt Papier und schreibe alle Begriffe auf, die dir zu deinem Thema einfallen. Du kannst die Stichpunkte auch aus einem Buch oder anderem Material entnehmen.

Nährstoffe
Kohlenhydrate werden von Pflanzen gebildet
Fette liefern Energie
Eiweiße
Fleisch
Getreide
Einfachzucker
Glucose
…

2. Schritt

Suche zu deinen Begriffen passende Oberbegriffe.

Nährstoffe
Kohlenhydrate
* werden von Pflanzen gebildet
* Getreide, Nudeln, Kartoffeln …
* Einfachzucker
…
Eiweiße
* Fleisch
* für Wachstum und Entwicklung von Gewebe
…
Fette
* liefern Energie
* pflanzliche und tierische Fette
…

3. Schritt

Nimm ein zweites Blatt und schreibe dein Thema in die Mitte. Zeichne ein Oval um das Thema herum.

4. Schritt

Zeichne ausgehend vom Oval in der Mitte so viele Hauptäste (rote Linien) auf dein Blatt, wie du Oberbegriffe gefunden hast. Schreibe dann an jeden Hauptast den Oberbegriff.

5. Schritt

Ordne übergeordnete Begriffe vom ersten Blatt den einzelnen Haupt-ästen zu. Dazu lässt du vom Hauptast einen Nebenast in einer an-deren Farbe (blaue Linien) abzweigen. Schreibe die Begriffe an die Nebenäste.

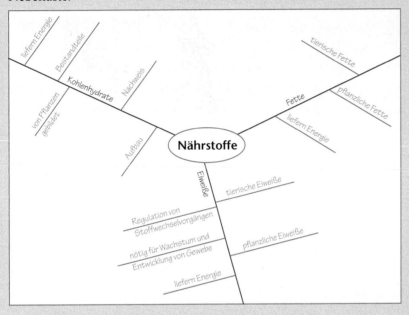

6. Schritt

Du kannst die Mindmap weiter untergliedern, indem du von den Nebenästen weitere Nebenäste wieder in einer anderen Farbe abzwei-gen lässt. Auch an diese Nebenäste werden die passenden Begriffe geschrieben.

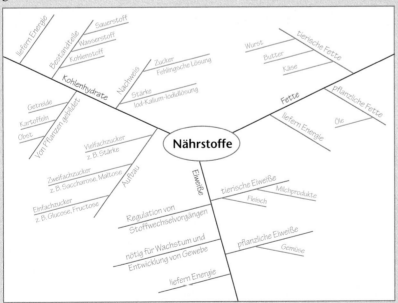

53

55 % flüssiges Blutplasma

↓ Entfernung des Fibrinogens

Blutserum besteht aus:
Wasser, Fette, Kohlenhydrate,
Vitamine, Salze, Hormone,
Abwehrstoffe gegen
Krankheitserreger, Abfallstoffe

45 % Blutzellen

 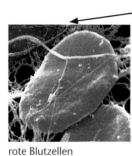 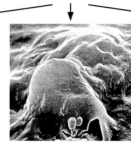 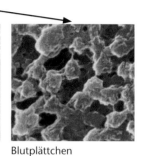

	rote Blutzellen	weiße Blutzellen	Blutplättchen
Anzahl in 1 mm^3	4,5–5 Millionen	5000–8000	200 000–300 000
Lebensdauer	100–120 Tage	Stunden bis Jahre	5–10 Tage

1 *Zusammensetzung des Blutes*

In unserem Körper fließen etwa fünf bis sieben Liter Blut. Das Blut setzt sich zusammen aus den Blutzellen und dem flüssigen Blutplasma (Abb. 1). Alle Blutzellen werden im Knochenmark gebildet. Die **roten Blutzellen** sind Zellen ohne Zellkern. Ihre Hauptaufgabe ist der Transport von Sauerstoff. Der Farbstoff der roten Blutzellen, das Hämoglobin, verursacht die rote Farbe des Blutes. Hämoglobin ist ein Eiweißmolekül, das Eisen enthält. Es nimmt Sauerstoff auf, transportiert ihn und gibt ihn wieder ab. Die verschiedenen **weißen Blutzellen** sind alle an der Immunabwehr des Körpers beteiligt. Einige können die Blutgefäße verlassen, sich im Gewebe bewegen und dort Krankheitserreger vernichten. Die **Blutplättchen** sind kleine Zellbruchstücke. Sie spielen eine wichtige Rolle bei der Blutgerinnung. Bei einer Verletzung der Blutgefäße zerfallen die Blutplättchen und geben Enzyme frei. Die Enzyme setzen das im Blutplasma gelöste Fibrinogen zu unlöslichem Fibrin um. Das Fibrin bildet ein fädiges Netz, in dem die Blutzellen hängen bleiben und so die Wunde verschließen. Entfernt man das Fibrinogen aus dem Blutplasma, so erhält man das Blutserum (Abb. 1).

Blutübertragungen führten früher häufiger zum Tod des Patienten. Genauere Untersuchungen der Todesfälle zeigten, dass die feinen Äderchen durch miteinander verklumpte rote Blutzellen verstopft waren. Heute weiß man, dass es verschiedene Blutgruppen gibt. Die roten Blutzellen und das Blutserum der vier verschiedenen Blutgruppen A, B, AB und 0 unterscheiden sich (Abb. 2). Auf der Oberfläche der roten Blutzellen befinden sich besonders geformte Eiweißmoleküle, die Antigene. Diese können mit einem im Serum befindlichen Stoff, der als Antikörper bezeichnet wird, reagieren. Antikörper und Antigen passen dabei wie Schlüssel und Schloss zueinander. Durch diese **Antigen-Antikörper-Reaktion** verklumpen die Blutzellen. Heute werden Blutübertragungen nur mit gleichen Blutgruppen durchgeführt.

Blutgruppe A	Blutgruppe B	Blutgruppe AB	Blutgruppe 0
Antigen A	Antigen B	Antigen A und Antigen B	keine Antigene
Anti B	Anti A		Anti A, B
Serum enthält Antikörper gegen Blutgruppe B	Serum enthält Antikörper gegen Blutgruppe A	Serum enthält keine Antikörper	Serum enthält Antikörper gegen Blutgruppen A und B

2 *Merkmale der vier Blutgruppen*

54

Serum von	rote Blutzellen von					
	Störk	Pletschnig	Sturli	Erdheim	Zaritsch	Landsteiner
Störk	⬤	•	•	•	•	⬤
Pletschnig	⬤	⬤	•	•	⬤	⬤
Sturli	⬤	•	⬤	⬤	•	⬤
Erdheim	⬤	•	⬤	⬤	•	⬤
Zaritsch	⬤	⬤	•	•	⬤	⬤
Landsteiner	⬤	•	•	•	•	⬤

⬤ nicht verklumpte Blutzellen   • verklumpte Blutzellen

3 *Versuchsergebnisse von Landsteiner im Jahr 1901*

1 Aufgaben des Blutes. Fertige tabellarisch eine Übersicht über die Blutbestandteile, deren Funktion und Entstehungsort an.

2 Erforschung der Blutgruppen. Der Arzt KARL LANDSTEINER untersuchte 1901 als Erster systematisch die Verklumpungsreaktion des Blutes. Er verwendete sein Blut und das seiner Mitarbeiter und trennte es in rote Blutzellen und Serum. Dann vermischte er jede Serumprobe mit jeder Blutzellenprobe und erhielt das in Abbildung 3 dargestellte Ergebnis.
a) Bestimme anhand der Versuchsergebnisse, wie viele ver-schiedene Blutgruppen LANDSTEINER identifiziert hat und welche Personen die gleiche Blutgruppe haben.
b) Ordne anhand des Grundwissentextes den einzelnen Versuchsteilnehmern – so weit wie möglich – begründet eine Blutgruppe zu.

3 Blutgruppenbestimmung. Erläutere die Ergebnisse der Blutgruppenbestimmung in Abbildung 5. Zeichne ein entsprechendes Kästchenfeld mit vier Zeilen und drei Spalten in dein Heft. Trage in jedes Feld die richtigen Antigene und Antikörper entsprechend der Abbildung 2 ein.

4 Der Rhesusfaktor. Blut kann außer Antigen A und B zusätzlich das Antigen D, den so genannten Rhesusfaktor, enthalten. Menschen mit Antigen D bezeichnet man als rhesuspositiv, ohne Antigen D als rhesusnegativ. Wenn ein rhesusnegativer Empfänger Blut eines rhesuspositiven Spenders erhält, werden im Körper Antikörper gegen das fremde Antigen D gebildet. Der Rhesusfaktor hat eine besondere Bedeutung bei Eltern, bei denen der Vater rhesuspositiv und die Mutter rhesusnegativ ist. Die erste Schwangerschaft mit einem rhesuspositiven Kind hat für das Kind keine Folgen. Während der Geburt gelangt Blut des Kindes in den Blutkreislauf der Mutter. In einer zweiten Schwangerschaft mit einem rhesuspositiven Kind kann der Fetus stark geschädigt werden. Beschreibe mithilfe der Abbildung 4 die Ursache der entstehenden Probleme.

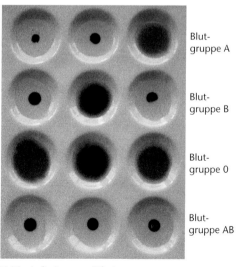

Serum Anti A, B   Serum Anti A (blau gefärbt)   Serum Anti B (gelb gefärbt)

Blutgruppe A
Blutgruppe B
Blutgruppe 0
Blutgruppe AB

5 *Testplatte zur Blutgruppenbestimmung*

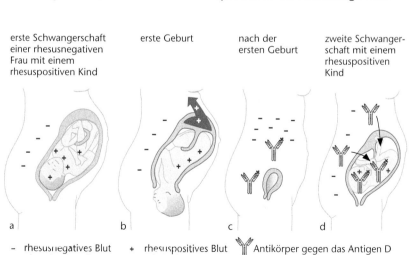

erste Schwangerschaft einer rhesusnegativen Frau mit einem rhesuspositiven Kind

erste Geburt

nach der ersten Geburt

zweite Schwangerschaft mit einem rhesuspositiven Kind

a   b   c   d

− rhesusnegatives Blut ohne Antigen D   + rhesuspositives Blut mit Antigen D   Y Antikörper gegen das Antigen D

4 *Rhesusfaktor und Schwangerschaft*

55

4.2 Bau und Leistung des Herzens

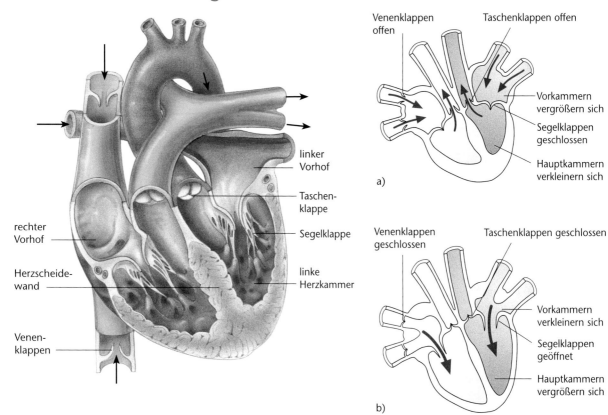

1 *geöffnetes Herz*

2 *Arbeitsphase (a) und Ruhephase (b) des Herzens*

Aufbau des Herzens. Das Herz ist ein etwa faustgroßer hohler Muskel. Es hat die Aufgabe, das Blut durch die Blutgefäße zu pumpen. Das Herz wird von der Herzscheidewand in zwei Hälften geteilt. Die rechte Hälfte versorgt den Lungenkreislauf, die linke Herzhälfte den Körperkreislauf. Jede Herzhälfte besteht aus jeweils zwei miteinander verbundenen Hohlräumen, dem Vorhof und der Herzkammer. Ein kompliziertes System von Klappen steuert die Richtung des Blutflusses durch das Herz. Man unterscheidet Venenklappen, Segelklappen und Taschenklappen (Abb. 1).

Arbeitsphase. Das Herz arbeitet wie eine Saug-/Druckpumpe. Dabei sind die beiden Herzhälften aufeinander abgestimmt. Sie arbeiten gleichzeitig, man sagt auch synchron. In der Arbeitsphase verkleinern sich die Hauptkammern (Abb. 2a). Da die Segelklappen geschlossen sind, wird das Blut durch die Arterien aus dem Herzen herausgedrückt.

Gleichzeitig vergrößern sich die Vorkammern. Dadurch saugen sie Blut aus den Venen. Das Herz pumpt und saugt gleichzeitig. Pro Herzschlag pumpt jede Herzkammer eines Erwachsenen etwa 70 ml Blut.

Erholungsphase. In der Erholungsphase vergrößern sich die Hauptkammern und verkleinern sich die Vorhöfe (Abb. 2b). Blut strömt jetzt von den Vorkammern in die Hauptkammern, die Segelklappen werden aufgedrückt. Taschen- und Venenklappen sind geschlossen.

Herztöne. Das abwechselnde Schließen der Herzklappen verursacht die Herztöne. Der erste Herzton wird durch das Schließen der Segelklappen, der zweite durch das Schließen der Taschenklappen erzeugt.

56

1 **Technische Pumpen.** Eine Spritze ist eine Pumpe, mit der man Flüssigkeiten ansaugen kann. Natürlich kann man Flüssigkeiten auch herausdrücken. Zum Ansaugen muss der Kolben herausgezogen werden, das Volumen wird größer. Der entstehende Unterdruck saugt die Flüssigkeit ein. Wenn das Volumen durch Hineindrücken des Kolbens verkleinert wird, drückt der entstandene Überdruck die Flüssigkeit wieder hinaus.

Die Abbildung 3 zeigt eine Pumpe, die gleichzeitig pumpen und saugen kann.

a) Beschreibe genau, was passiert, wenn der Kolben in die Pumpe gedrückt wird (Abb. 3a). Welche Ventile sind geöffnet, welche geschlossen? Wo entsteht Überdruck, wo Unterdruck? Wo fließt Flüssigkeit?

b) Beschreibe nun die Verhältnisse für den Fall, dass der Kolben nach unten gezogen wird (Abb. 3b).

c) Welche Folgen hätten undichte Ventile. Untersuche die Ventile einzeln und beschreibe die Folgen.

d) Übertrage die Bauteile der technischen Pumpe auf das Herz. Bilde mit den sich entsprechenden Bauteilen Pärchen.

e) Beim Herzschlag wird gleichzeitig Blut über die Vorkammer angesaugt und durch die Hauptkammer hinausgedrückt. Begründe mithilfe der technischen Begriffe Volumen und Druck, warum beim Herzen der Pump- und Saugvorgang gleichzeitig erfolgen muss.

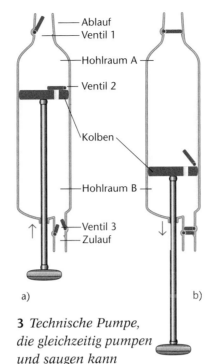

a)   b)

3 *Technische Pumpe, die gleichzeitig pumpen und saugen kann*

2 **Ein Stethoskop bauen.** Aus zwei kleinen Kunststofftrichtern und einem Stück Schlauch kannst du ein einfaches Stethoskop bauen (Abb. 4). Mit diesem Stethoskop kannst du den Herz-Doppelschlag bei dir selbst hören.

4 *Stethoskop*

5 *Experiment zur Leistung des Herzens*

3 **Leistung des Herzens.** Mit einem einfachen Experiment kannst du die Leistung des Herzens verdeutlichen (Abb. 5). Du brauchst dazu zwei Kunststoffeimer, einen leeren Joghurtbecher (150 ml) und eine Uhr mit Sekundenanzeige. Fülle einen Fimer mit Wasser und versuche innerhalb einer Minute 60 Becher Wasser von einem in den anderen Eimer zu schöpfen. Wenn du das geschafft hast, hast du die gleiche Leistung erbracht wie dein Herz – aber nur eine Minute lang. Welche Wassermenge müsstest du innerhalb eines Tages, Monats oder Jahres schöpfen? Berechne.

57

4.3 Das Blutgefäßsystem

Die Blutgefäße und das Herz bilden ein wichtiges Transportsystem in unserem Körper. Unter anderem werden Sauerstoff und Nährstoffe mit dem Blut transportiert. Alle Blutgefäße, die vom Herzen wegführen, heißen **Arterien.** Die Blutgefäße, die zum Herzen hinführen, werden **Venen** genannt (Abb. 1). Man unterscheidet den Lungen- und Körperkreislauf.

Auf dem Weg durch den Körper verzweigen sich die Arterien immer weiter zu haarfeinen **Kapillaren** (Abb. 1, 6). Die Kapillaren versorgen die Zellen mit Sauerstoff und Nährstoffen. Die Kapillarwände sind sehr dünn und bestehen oft nur aus einer einzigen Zellschicht. Durch diese Schicht diffundieren Sauerstoff und Nährstoffe aus dem Blut in das Gewebe. Gleichzeitig werden Kohlenstoffdioxid und andere Stoffe in das Blut abgegeben. Das Blut gelangt dann über die Venen zurück zum Herzen.

Auf dem Weg vom Herzen durch den Körper nimmt der Blutdruck durch die Reibung an den Kapillarwänden ab. Der langsamere Fluss des Blutes und die insgesamt sehr große Oberfläche der Kapillaren ermöglicht einen optimalen Stoffaustausch mit dem Gewebe.

Die Herztätigkeit führt zu Blutdruckschwankungen in den Arterien. Die Arterienwände sind elastisch und zum Teil von einer dicken ringförmigen Muskelschicht umgeben (Abb. 2). Die Muskelschicht der Arterien wird gedehnt, wenn das Blut durch den Herzschlag mit Druck in die Arterien gepresst wird. In den Kapillaren und Venen ist der Blutdruck gering. Die Venenwände weisen eine dünnere Muskelschicht auf. Das Blut wird in ihnen mithilfe der umliegenden Skelettmuskeln und benachbarter Arterien befördert. In den Venen befindliche Venenklappen verhindern dabei das Zurückfließen des Blutes. Zusätzlich saugt das Herz bei seinen Pumpbewegungen Blut aus den Venen an.

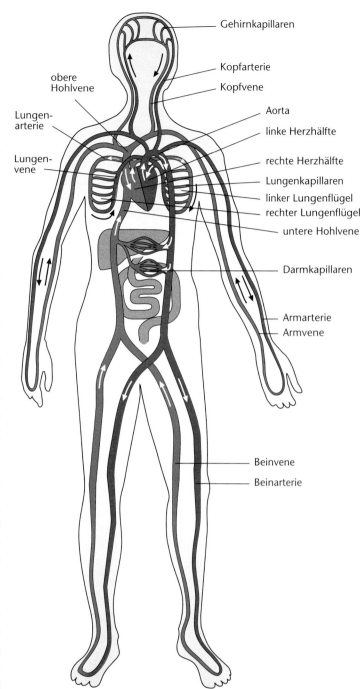

1 *Blutkreislauf, schematisch*

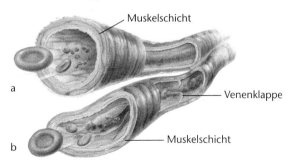

2 *Bau von a) Arterie, b) Vene*

58

1 **Weg eines Sauerstoffmoleküls und eines Kohlenstoffdioxidmoleküls.**
a) Erläutere anhand der Abbildung 1 Lungen- und Körperkreislauf.
b) Beschreibe anhand von Abbildung 4 detailliert den Weg eines
Sauerstoffmoleküls und eines
Kohlenstoffdioxidmoleküls durch
den Körper. Ordne dabei den
einzelnen Ziffern der Abbildung
die richtigen Begriffe zu.

2 **Aufgaben des Blutes.** Erläutere mithilfe der Abbildung 3 die
Transportaufgaben des Blutes.

3 **Blutmenge.** Beschreibe und
erkläre die in der Abbildung 5
dargestellte Verteilung des Blutvolumens im Blutgefäßsystem.

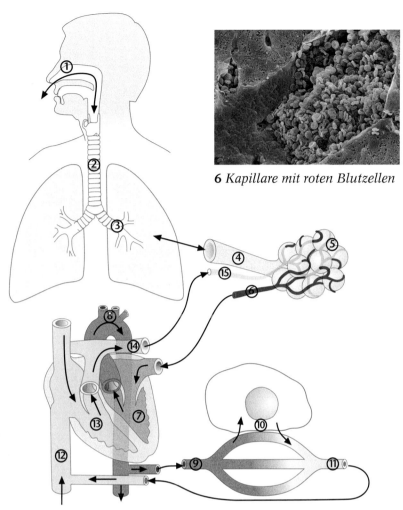

6 *Kapillare mit roten Blutzellen*

4 *Weg des Sauerstoffs und des Kohlenstoffdioxids durch den Körper*

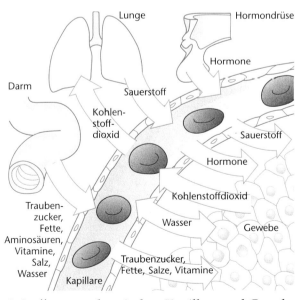

3 *Stoffaustausch zwischen Kapillare und Gewebe*

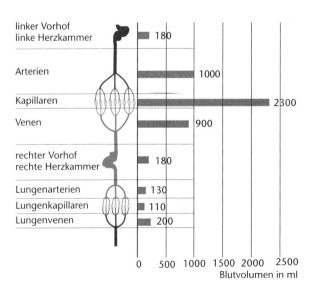

5 *Verteilung des Blutvolumens im Blutgefäßsystem*

59

4.4 Sauerstoff ist lebenswichtig – die Zellatmung

Beim Atmen eines Menschen wird Sauerstoff in das Blut aufgenommen. Durch die Verdauung gelangen Glucose und andere Nährstoffe in das Blut. Sauerstoff und Glucose werden mit dem Blut in alle Teile des Körpers transportiert. Beide Stoffe werden für die Zellatmung benötigt (Abb. 1).

Die **Zellatmung** ist ein chemischer Vorgang, der aus mehreren Teilschritten besteht. Er findet laufend in den Mitochondrien der Zellen statt. Mitochondrien sind Zellorganellen, die mit einer Doppelmembran gegen das Zellplasma abgegrenzt sind. **Mitochondrien** sind die Orte der Zellatmung.

Die Zellatmung dient dazu, die chemische Energie der Glucose für die Zellen nutzbar zu machen. Die Schritte bei der Zellatmung laufen schnell und geordnet hintereinander ab. Dabei wird unter Be-

teiligung von Sauerstoff die energiereiche Glucose zu energiearmen Kohlenstoffdioxid und Wasser abgebaut. Schrittweise wird die chemische Energie der Glucose in chemische Energie umgewandelt, die von der Zelle genutzt werden kann. Außerdem wird bei der Zellatmung ein Teil der chemischen Energie der Glucose in Wärmeenergie gewandelt.

Energie aus der Zellatmung ist Grundlage aller Lebensvorgänge. Muskeln benötigen diese Energie, um sich zusammenziehen zu können. Das Gehirn benötigt Energie aus der Zellatmung für die Informationsverarbeitung. Auch die anderen Organe des Menschen sind auf Energie aus der Zellatmung angewiesen. Nicht nur beim Menschen, sondern auch in den Zellen von Tieren, Pflanzen, Pilzen und vielen Bakterien liefert die Zellatmung lebensnotwendige Energie.

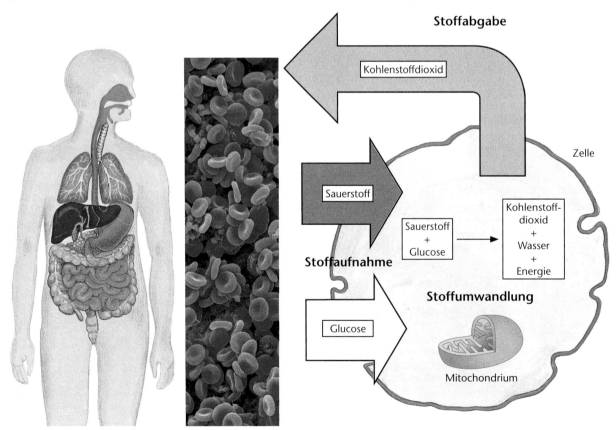

1 *Zellatmung: links der Mensch mit seinen Organen, in der Mitte das Blut als Transportmedium, rechts die Vorgänge in der Zelle.*

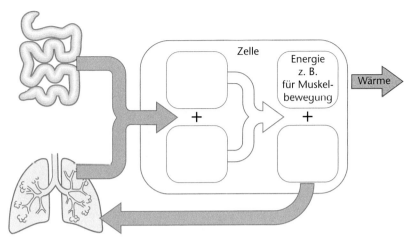

2 *Schema zur Zellatmung*

1 Zellatmung und Stofftransport. Formuliere zu den in Abbildung 1 dargestellten Vorgängen einen zusammenhängenden Text.

2 Diagramm zur Zellatmung. Übertrage das Schema in Abbildung 2 in dein Heft. Beschrifte das Schema anschließend mit folgenden Begriffen (einige davon müssen mehrfach benutzt werden): Kohlenstoffdioxid, Sauerstoff, energiearme Stoffe, Wasser, Glucose, Stoffaufnahme, Stofftransport, Darm, Stoffumwandlung, Stoffabgabe, Lunge.

3 Zellatmung bei körperlichen Anstrengungen. Stelle begründete Vermutungen darüber an, welche Veränderungen sich in der Zellatmung von Muskelzellen ergeben, wenn sich jemand körperlich stark anstrengt.

4 Vergleich Zellatmung – Kerzenflamme. Vergleiche die Zellatmung mit der Verbrennung in einer Kerzenflamme (Abb. 3). Erläutere Gemeinsamkeiten und Unterschiede.

5 Reaktionsschema zur Zellatmung.
a) Formuliere zum Reaktionsschema der Zellatmung einen Merksatz (Abb. 4).
b) Wieviel Wassermoleküle entstehen pro Molekül Glucose bei der Zellatmung? Glucose hat die Summenformel $C_6H_{12}O_6$. Notiere die Reaktionsgleichung.

Ohne Sauerstoff brennt keine Kerze. Wird eine Kerze angezündet, geht am Docht Kerzenwachs in den flüssigen und dann in den gasförmigen Zustand über. Die Verbrennung beginnt, wenn das gasförmige Kerzenwachs seine Entzündungstemperatur erreicht hat. Kerzenwachs enthält viel Kohlenstoff. In der Kerzenflamme werden Temperaturen von 1400 Grad Celsius erreicht. Bei der Verbrennung von Kerzenwachs mit Sauerstoff entstehen unter anderem Kohlenstoffdioxid und Wasser sowie hunderte andere Verbrennungsprodukte. Die chemische Energie des Kerzenwachses wird vor allem in Wärme- und Lichtenergie umgewandelt. Eine Kerzenflamme kann leicht ausgepustet werden.

3 *Verbrennung in der Kerzenflamme*

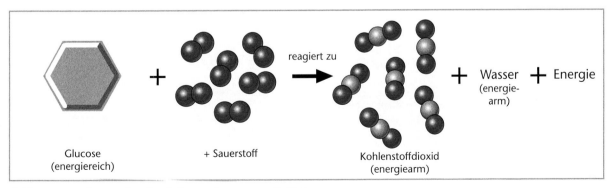

4 *Zusammenfassendes Reaktionsschema zur Zellatmung*

61

4.5 Zellatmung und Fotosynthese

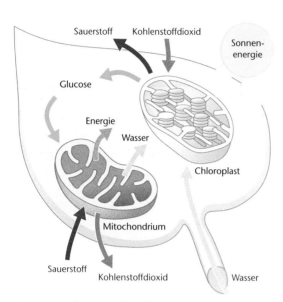

1 *Fotosynthese und Zellatmung*

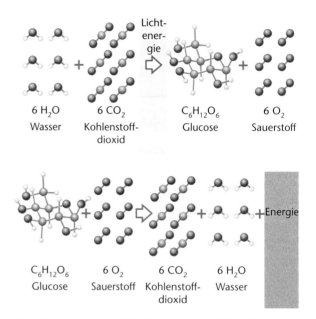

2 *Fotosynthese und Zellatmung in Molekül-darstellung*

Bei der **Fotosynthese** erzeugen grüne Pflanzen mithilfe des Chlorophylls aus Kohlenstoffdioxid und Wasser zwei andere Stoffe, Glucose und Sauerstoff (Abb. 1, 2). Die Chloroplasten sind der Ort der Fotosynthese. Durch Fotosynthese wird ein Teil der Lichtenergie in chemische Energie der Glucose gewandelt. Glucose ist daher ein energiereicher Stoff.

Bei der **Zellatmung** wird die chemische Energie von Nährstoffen, zum Beispiel von Glucose, für die Zellen nutzbar gemacht (Abb. 1, 2). In einer Kette von Teilschritten wird bei der Zellatmung Glucose unter Beteiligung von Sauerstoff zu den energiearmen Stoffen Kohlenstoffdioxid und Wasser umgewandelt. Der Ort der Zellatmung sind die Mitochondrien.

Grüne Pflanzenzellen besitzen Chloroplasten und Mitochondrien (Abb. 1). Im Licht betreiben sie Fotosynthese, bei der Sauerstoff frei wird, und zugleich Zellatmung, bei der Sauerstoff benötigt wird. Im Tageslicht überwiegt allerdings bei den meisten Pflanzen die Sauerstoff-Freisetzung durch

Fotosynthese gegenüber dem Sauerstoff-Bedarf für die Zellatmung. Der überschüssige Sauerstoff wird von den Pflanzen abgegeben und steht atmenden Lebewesen zur Verfügung. Grüne Pflanzen und atmende Lebewesen stehen in einer wechselseitigen Beziehung (Abb. 3): Sauerstoff aus der Fotosynthese wird für die Atmung benötigt, Kohlenstoffdioxid aus der Atmung wird für die Fotosynthese benötigt.

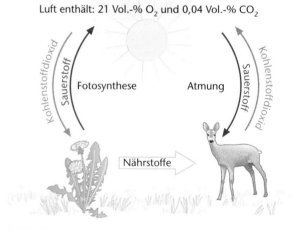

3 *Wechselbeziehungen zwischen atmenden und Fotosynthese betreibenden Lebewesen*

CO₂-Gehalt in ppm

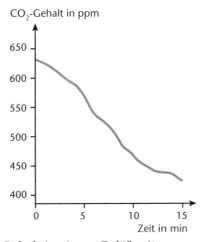

4 *Versuch zum Kohlenstoffdioxid-Gehalt in einem Gefäß mit Blättern, ppm (parts per million) ist ein Maß für die Konzentration eines Stoffes*

einem Sensor wird der Kohlenstoffdioxid-Gehalt der Luft in der Glocke laufend gemessen.

a) Werte das Ergebnis des Versuchs aus (Abb. 4).

b) Entwickle Hypothesen was geschieht, wenn die Blätter im Dunklen stehen.

3 Fotosynthese und Atmung in einem Modellgewässer. In der Abbildung 5 sind acht mit Wasser gefüllte und luftdicht geschlossene Gefäße gezeichnet. Stelle dir vor, die Gefäße würden so mit Wasserpflanzen und/oder Tieren besetzt wie in Abbildung 5 gezeichnet. Beschreibe für jedes Gefäß, wie sich vermutlich der Sauerstoff-Gehalt und der Kohlenstoffdioxid-Gehalt ändern werden. Begründe deine Vermutungen.

1 Fotosynthese und Atmung. Erläutere die wechselseitigen Beziehungen, die in Abbildung 3 dargestellt sind, in einem Text.

2 Efeublätter im abgeschlossenen Gefäß. Unter einer Glasglocke befinden sich 20 Efeublätter in Wasser (Abb. 4). Die Glocke wird beleuchtet. Mit

| 1 |
| ohne Lebewesen |
| Licht |

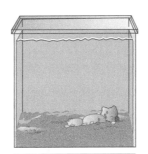

| 2 |
| ohne Lebewesen |
| dunkel |

| 3 |
| Pflanzen |
| Licht |

| 4 |
| Pflanzen |
| dunkel |

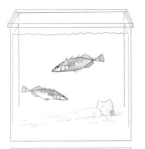

| 5 |
| Tiere |
| Licht |

| 6 |
| Tiere |
| dunkel |

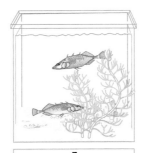

| 7 |
| Pflanzen und Tiere |
| Licht |

| 8 |
| Pflanzen und Tiere |
| dunkel |

5 *Fotosynthese und Atmung in einem Modellgewässer*

63

4.6 Anpassung an körperliche Anstrengung

Man fühlt sich besser und ermüdet nicht so schnell.

Das Herz kann bei einem Herzschlag mehr Blut pumpen.

Atemzüge und Tiefe des Einatmens werden erhöht.

Die Muskeln werden stärker durchblutet.

Die Kapillaren in den Muskeln werden vermehrt.

1 *Einige Wirkungen von regelmäßigem Training*

Bei körperlichen Anstrengungen, zum Beispiel bei sportlicher Betätigung, benötigen vor allem die Muskeln mehr Energie aus der Zellatmung. Das setzt voraus, dass den Zellen mehr Nährstoffe und den Mitochondrien mehr Sauerstoff für die Zellatmung zur Verfügung stehen. Der Körper passt sich diesen Erfordernissen kurzfristig an, indem er die Häufigkeit des Herzschlags und der Atmung erhöht. Dadurch wird Sauerstoff in größerer Menge aufgenommen und schneller im Körper transportiert.

Der Körper eines Menschen, der sich regelmäßig körperlich betätigt, zeigt langfristige, über Wochen, Monate und Jahre stattfindende Anpassungen (Abb. 1). Regelmäßiges körperliches **Training** kann den Herzmuskel vergrößern, so dass das Herz mehr Blut pumpen kann und auch in Ruhe effektiver arbeitet. Die Atmung kann im Vergleich zum Untrainierten bei Bedarf schneller gesteigert werden. Die Fähigkeit, Sauerstoff in den roten Blutzellen zu transportieren, wird durch regelmäßiges Training verbessert. In den Muskeln bilden sich mehr Blutkapillaren, so dass die Versorgung des Muskels mit Sauerstoff gefördert wird. Die meisten Menschen, die regelmäßig trainieren, fühlen sich besser.

Länger andauernder **Bewegungsmangel** kann dagegen zu einer Schwächung der Muskulatur führen. Der Herzmuskel wird leistungsschwach und das Atemvolumen gering. Schon kleine Anstrengungen erfordern eine hohe Herzfrequenz. Menschen mit längerfristigem Bewegungsmangel ermüden bei körperlichen Anstrengungen sehr viel schneller als trainierte. Längerfristiger Bewegungsmangel ist ein Risikofaktor für Herz-Kreislauf-Erkrankungen.

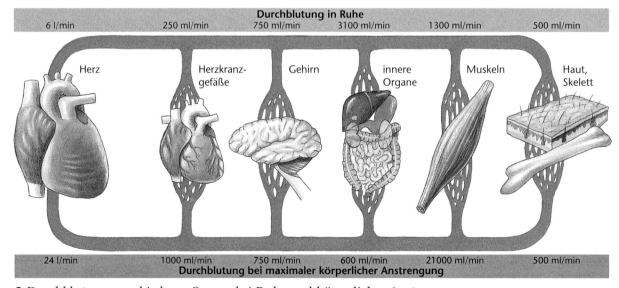

Durchblutung in Ruhe

6 l/min	250 ml/min	750 ml/min	3100 ml/min	1300 ml/min	500 ml/min
Herz	Herzkranzgefäße	Gehirn	innere Organe	Muskeln	Haut, Skelett
24 l/min	1000 ml/min	750 ml/min	600 ml/min	21000 ml/min	500 ml/min

Durchblutung bei maximaler körperlicher Anstrengung

2 *Durchblutung verschiedener Organe bei Ruhe und körperlicher Anstrengung*

| | Nichtsportler | | Ausdauersportler | |
	in Ruhe	maximal	in Ruhe	maximal
Herzgewicht (g)	250–300		350–500	
Herzgewicht (g/kg Körpergewicht)	4,8		8,0	
Blutvolumen (l)	5,6		5,9	
Herzfrequenz (1/min)	80	180	40	180
Schlagvolumen des Herzens (ml)	70	100	140	190
Herzzeitvolumen (l/min)	5,6	18	5,6	35
Atemzeitvolumen (l/min)	8,0	100	8,0	200

3 *Leistungen des Herzens und der Atmung bei einem Nichtsportler und einem Ausdauersportler (beide 25 Jahre alt, 70 kg)*

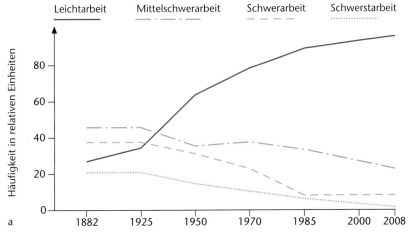

a

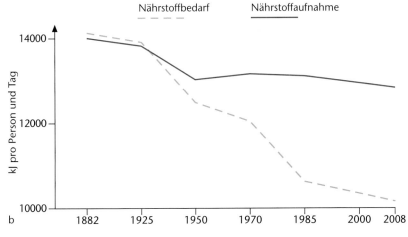

b

4 *a) Veränderung der Arbeitsschwere und b) Nährstoffbedarf und Nährstoffaufnahme von 1882 bis heute*

1 **Durchblutung der Organe bei körperlichen Anstrengungen.** Fertige auf der Grundlage von Abbildung 2 ein Diagramm an. Werte das Diagramm aus. Begründe, dass die Werte bei „körperlicher Anstrengung" eine kurzfristige Anpassung des Körpers sind.

2 **Vergleich von Herzleistung und Atmung bei einem Nichtsportler und einem Ausdauersportler.**
a) Erläutere die Begriffe in der linken Spalte der Abbildung 3 mit eigenen Worten.
b) Werte die Abbildung 3 aus. Erläutere an diesem Beispiel die Veränderungen beim Ausdauersportler als langfristige Anpassungen.

3 **Veränderung von Arbeitsschwere und Nährstoffaufnahme von 1882 bis heute.**
a) Beschreibe den Verlauf der Kurven in Abbildung 4 a und 4 b. Stelle Zusammenhänge zwischen den verschiedenen Kurven her.
b) Fasse die wesentlichen Aussagen der Abbildungen 4 a und 4 b zusammen.
c) Begründe anhand der Abbildung 4 a und 4 b, dass regelmäßiges körperliches Training gerade heutzutage für die Gesundheit vieler Menschen wichtig ist.

65

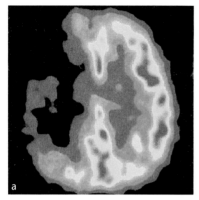

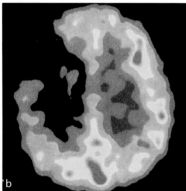

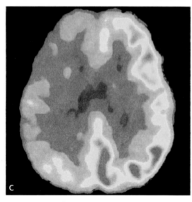

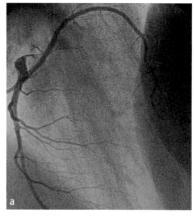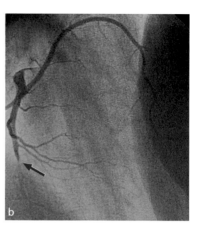

2 *a) Gesundes und b) verengtes Herzkranzgefäß*

Betrachtet man die Statistik der Todesursachen in Deutschland, stellt man fest, dass Krankheiten des Herz-Kreislauf-Systems an erster Stelle stehen. Ob ein Mensch an Herz und Kreislauf erkrankt, hängt auch davon ab, wie lange und wie stark bestimmte Risikofaktoren einwirken. In der Medizin versteht man unter **Risikofaktoren** alle Bedingungen, die zur Entstehung von Krankheiten beitragen. Risikofaktoren für Krankheiten des Herz-Kreislauf-Systems sind unter anderem Rauchen, Bewegungsmangel, dauerhafter Stress, Bluthochdruck und angeborene Faktoren. Viele Risikofaktoren für Krankheiten des Herz-Kreislauf-Systems kann jeder Einzelne durch einen gesunden Lebensstil gering halten.

Von **Bluthochdruck** spricht man, wenn der Blutdruck dauerhaft zu hoch ist. Bluthochdruck kann durch Verengung von arteriellen Blutgefäßen entstehen. Insbesondere das Herz, das Gehirn und die Nieren können durch dauerhaften Bluthochdruck geschädigt werden. Beim **Herzinfarkt** ist ein Herzkranzgefäß von einer Verengung der Blutgefäße betroffen (Abb. 2). Herzkranzgefäße versorgen den Herzmuskel mit Sauerstoff und Nährstoffen. Ist der Blutstrom in einem Herzkranzgefäß durch eine Verengung oder ein Blutgerinnsel blockiert, können Teile des Herzmuskels infolge Sauerstoffmangels absterben. Es kommt zu einer lebensbedrohlichen Situation.

1 *Das Gehirn eines Schlaganfall-Patienten mit den beiden Hirnhälften, von oben betrachtet; a) zeigt die Hirndurchblutung, b) den Sauerstoff-Verbrauch und c) den Umsatz von Glucose. Die Farben bedeuten:*

Wenn Blutgefäße des Gehirns stark verengt oder verstopft sind, kann es zu einem lebensbedrohlichen **Schlaganfall** kommen (Abb. 1). Die Folgen eines Schlaganfalls hängen davon ab, wo im Gehirn der Schlaganfall entsteht, wie groß das mangelhaft versorgte Gehirngebiet ist und wie lange es nicht mit Sauerstoff versorgt wurde. Schlaganfall ist eine der häufigsten Todesursachen und die häufigste Ursache für Behinderung in Deutschland.

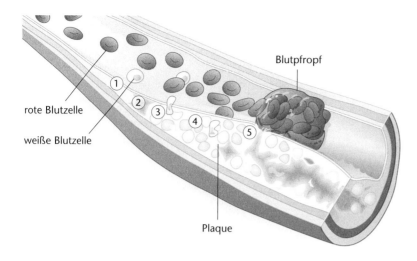

rote Blutzelle

weiße Blutzelle

Blutpfropf

Plaque

Wesentliche Ursache von Herzinfarkt und Schlaganfall ist Arterioskle-rose, volkstümlich auch Arterienverkalkung genannt. Arteriosklerose ist Teil des natürlichen Alterungsprozesses.
Folgende Schritte können im Laufe vieler Jahre zur Bildung eines lebensbedrohlichen Blutgerinnsels führen. (1) Die Gefäßwand wird durch Rauchen, hohe Konzentrationen an Blutfetten (so genanntes „schlechtes Cholesterin", abgekürzt LDL), durch hohen Blutdruck oder andere Einflüsse vorgeschädigt. In die vorgeschädigte Gefäß-wand lagern sich Blutfette ein und verändern sie dadurch. (2) Da-durch wird eine Entzündung hervorgerufen. Weiße Blutzellen dringen ein. (3) Sie nehmen die Fettpartikel auf. (4) Mit der Zeit bildet sich eine Ablagerung aus Blutfetten und schaumigen Zellen, die durch eine dünne Schicht von der Blutbahn getrennt ist – eine so genannte Plaque. Sie kann das Blutgefäß so weit verengen, dass der Blutfluss deutlich beeinträchtigt ist. (5) Reißt die Plaque plötzlich auf, gerinnt das Blut schlagartig. Ein Blutgerinnsel entsteht. Blockiert dieses Blut-gerinnsel den Blutstrom, kann es im Fall der Herzkranzgefäße zu einem Herzinfarkt oder im Fall der Gehirnarterien zu einem Schlag-anfall kommen.

3 *Entstehung von Arteriosklerose*

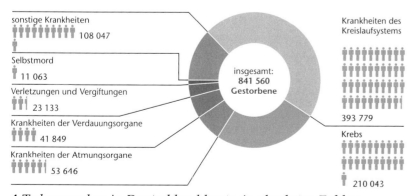

sonstige Krankheiten
108 047

Selbstmord
11 063

Verletzungen und Vergiftungen
23 133

Krankheiten der Verdauungsorgane
41 849

Krankheiten der Atmungsorgane
53 646

insgesamt:
841 560
Gestorbene

Krankheiten des
Kreislaufsystems

393 779

Krebs

210 043

4 *Todesursachen in Deutschland heute, in absoluten Zahlen*

1 **Hirnschädigung beim Schlaganfall.** Beschreibe anhand der Abbildung 1 Zusammen-hänge zwischen Durchblutung, Sauerstoff-Verbrauch und Gluco-se-Umsatz. Ermittle anhand der Abbildung 1 die Lage der vom Schlaganfall betroffenen Regio-nen im Gehirn.

2 **Arteriosklerose.**
a) Stelle die Entstehung von Ar-teriosklerose bis zur Bildung eines Blutgerinnsels als Fließdiagramm dar (Abb. 3).
b) Welche Bedeutung kommt Bluthochdruck bei der Entste-hung der Arteriosklerose und beim plötzlichen Aufreißen der Plaque zu? Entwickle begründete Vermutungen dazu, dass Rauchen in diesem Zusammenhang einer der größten Risikofaktoren ist.

3 **Todesursachen-Statistik.**
a) Berechne unter Bezug auf die Angaben in Abbildung 4 den Pro-zentsatz der Todesfälle von Men-schen, die an Krankheiten des Kreislaufsystems starben, und den Prozentsatz der Todesfälle, die an Krebs starben.
b) Vor über 100 Jahren, im Jahre 1900, stand Lungenentzün-dung an erster und Tuberkulose an zweiter Stelle der Todesur-sachen. Heutzutage spielen sie in Deutschland kaum eine Rolle. Entwirf begründete Vermutun-gen über die Ursachen dieses Wandels.

67

Risiko und Wahrscheinlichkeit

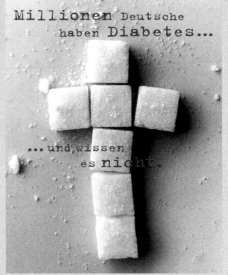

1 *Verschiedene gesundheitliche Risiken*

„Das Leben ist lebensgefährlich", sagte einst der Schriftsteller ERICH KÄSTNER (1899–1974). Ein Leben ganz ohne Risiken ist kaum vorstellbar. Schon die Jäger und Sammler, unsere steinzeitlichen Vorfahren, mussten sich mit widrigem Wetter, gefährlichen Tieren und Krankheiten auseinandersetzen. Heutzutage ist unsere Gesundheit durch vielfältige Risiken gefährdet (Abb. 1).

Umgangssprachlich wird „Risiko" häufig mit „Gefahr" gleichgesetzt. Man spricht zum Beispiel vom Risiko, eine bestimmte Krankheit zu bekommen, vom Risiko im Straßenverkehr oder vom Risiko des Rauchens. Mathematisch meint das Wort Risiko die Wahrscheinlichkeit, mit der ein negativ bewertetes Ereignis eintritt. Viele Ereignisse in unserem Leben sind nicht vorhersagbar, das heißt, sie sind vom Zufall bestimmt. Um für solche Ereignisse, die vom Zufall bestimmt werden, Aussagen für die Zukunft zu haben, macht man Vorhersagen oder Prognosen.

Am Beispiel des Würfelns kann man solche Vorhersagen deutlich machen. Ein Würfel hat sechs Seiten. Weil es vom Zufall abhängt, kann man nicht sicher vorhersagen, welche Ziffer oben zu liegen kommt. Nehmen wir an, man hat zehnmal gewürfelt, dabei war zweimal die 3 oben. In diesem Fall ist die **absolute Häufigkeit** des Ereignisses „3 oben" zwei. Bezogen auf die Gesamtzahl der Ereignisse (10 Würfe) ist die **relative Häufigkeit** $2 : 10 = 1/5 = 0,2$ oder $20/100 = 20\%$. Würde man 1000-mal, 100 000-mal oder noch häufiger würfeln, nähert sich der Wert für die relative Häufigkeit $1/6$ ($= 0,166$ oder $16,6\%$). Das ist verständlich, weil jede der sechs Seiten des Würfels die gleiche Chance hat, nach einem Wurf oben zu liegen. $1/6$ ist also eine gute Vorhersage für die relative Häufigkeit, dass eine bestimmte Zahl des Würfels, zum Beispiel die 3, oben zu liegen kommt. Man kann unter **Wahrscheinlichkeit** die möglichst gute Vorhersage der relativen Häufigkeit verstehen. In unserem Beispiel würde man sagen, die Wahrscheinlichkeit für „3 oben" beträgt ein Sechstel. Angaben zur Wahrscheinlichkeit liegen zwischen 0 und 1 beziehungsweise zwischen 0 und 100 %. Die Wahrscheinlichkeit 1 haben ganz sichere Ereignisse, zum Beispiel, dass morgen früh im Osten die Sonne aufgeht. Die Wahrscheinlichkeit 0 haben unmögliche Ereignisse, zum Beispiel, dass der Würfelzucker in Abbildung 1 plötzlich aus dem Buch fällt.

Kopf, Hals
16 %

Hand, Unterarm,
Ellenbogen 32 %

Rumpf, Becken
11 %

Knie, Fuß,
Unterschenkel
26 %

Sonstige
15 %

2 *Verletzungsrisiken beim Inlineskaten*

---

1 Ein Risiko wird subjektiv meistens unterschätzt,
wenn es freiwillig eingegangen wird, wenn es
von einem selbst als beeinflussbar angesehen
wird und von anderen Menschen auch eingegangen wird.

2 Entsprechend wird ein Risiko überschätzt,
wenn es als unbeeinflussbar empfunden wird
und auch von anderen abgelehnt wird.

3 Die subjektive Risikowahrnehmung hängt unter
anderem vom Vorwissen über das Risiko ab.

4 Wenn ein negatives Ereignis in der Nähe statt-
fand, mit Schilderungen über das Schicksal
eines einzelnen Menschen einherging und Gefühle angesprochen hat, wird die Wahrscheinlichkeit für das erneute Auftreten des negativen
Ereignisses überschätzt.

5 Wer selbst bereits einen Schaden erlitten hat,
schätzt das Risiko dafür höher ein als jemand
ohne diese Erfahrungen.

3 *Subjektive Risikowahrnehmung*

---

1 Definitionen. Erarbeite anhand der Texte
Definitionen für absolute und relative Häufigkeit,
Wahrscheinlichkeit, Risiko, subjektives Risiko.

2 Inlineskaten. Übersetze die Daten in Abbildung 2
schriftlich in Angaben über Wahrscheinlichkeiten.
Ermittle zuvor, was in diesem Fall die Gesamtheit
von 100 Prozent ist.

3 Subjektive Risikowahrnehmung. Erörtert für
die einzelnen Aussagen in Abbildung 3 Beispiele aus
euerm Erfahrungsbereich.

4 Risiko des Herzinfarkts und Vorbeugung.
Anhand der Daten hunderttausender Menschen
haben Mediziner aus ganz Europa die Tabellen in
Abbildung 4 angefertigt. Zunächst legen Alter,
Geschlecht und Rauchverhalten ein Kästchen fest.
Darin bestimmen der Gesamt-Cholesteringehalt
im Blut sowie der systolische Blutdruck (das ist
der höhere der beiden Blutdruckwerte) die Wahrscheinlichkeit, in den nächsten zehn Jahren einen
Herzinfarkt zu erleiden.
a) Übe dich zunächst darin, die Tabelle zu lesen,
indem du deinem Nachbarn oder deiner Nachbarin
drei verschiedene Lese-Beispiele erläuterst.
b) Ermittle, unter welchen Bedingungen nach dieser Tabelle das Risiko für Herzinfarkt besonders groß
und sehr niedrig ist.
c) Beurteile die Bedeutung einer solchen Risikotabelle für die Vorbeugung von Herzinfarkt.

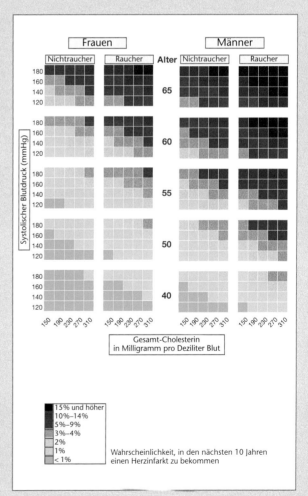

4 *Risikotabelle für Herzinfarkt*

4.8   Die Niere

Die Nieren sind unser wichtigstes Ausscheidungs-organ. Sie filtern schädliche Stoffe, wie Harnstoff, aus dem Blut, die dann mit dem Harn ausgeschieden werden. Die beiden etwa faustgroßen Nieren liegen beiderseits der Wirbelsäule in der Mitte des Rückens. Die Niere besteht aus drei Teilen: der Nierenrinde, dem Nierenmark sowie dem Nierenbecken (Abb. 2a, b).

In der stark durchbluteten Nierenrinde befinden sich etwa eine Million **Nephrone,** die kleinsten Funktionseinheiten der Niere. Jedes Nephron produziert Harn. Ein Nephron besteht aus einem Nierenkörperchen und einem Nierenkanälchen (Abb. 2c). Das Nierenkörperchen wird aus Blutkapillaren und der Bowman-Kapsel gebildet, die sich wie ein Becher über ein Kapillarenknäuel stülpt. An die Bowman-Kapsel schließt sich das Nierenkanälchen an.

Die Nierenkörperchen wirken wie ein Filter. Im Kapillarknäuel staut sich das Blut, weil das wegführende Blutgefäß einen kleineren Durchmesser hat als das zuführende. Der entstehende Druck presst Wasser und darin enthaltene kleine Teilchen, wie Salze, Glucose und Harnstoff, aus den Blutkapillaren in das Nierenkanälchen (Abb. 3). Das Filtrat bezeichnet man als **Primärharn.** Durch diesen Filtervorgang werden täglich 180 Liter Primärharn gebildet. Anschließend werden aus dem

1 *Blutgefäßsystem der Niere*

Primärharn bestimmte Stoffe, wie zum Beispiel Glucose und Vitamine, unter Energieaufwand zusammen mit Wasser wieder in das Blut transportiert. Dieser Vorgang, der Rückresorption genannt wird, findet im Nierenkanälchen statt. Von der großen Menge des Primärharns bleiben dadurch täglich nur etwa 1,5 Liter Harn übrig.

Jeweils mehrere Nierenkanälchen münden in ein Sammelrohr, das durch das Nierenmark zum Nierenbecken führt. Vom Nierenbecken aus fließt der Harn über den Harnleiter in die Blase. Der Harn enthält neben bestimmten Abfallstoffen Wasser und eine geringe Menge Mineralsalze. Die Nieren sorgen außerdem dafür, dass der Wassergehalt im Körper konstant gehalten wird.

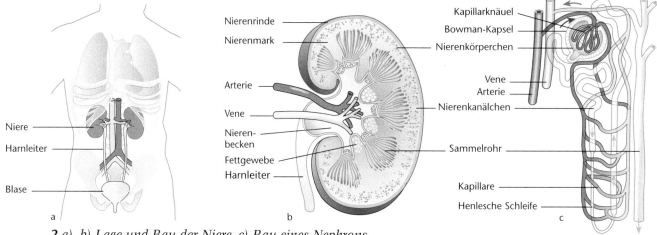

2 *a), b) Lage und Bau der Niere, c) Bau eines Nephrons*

1 **Nierenfunktion.** Beschreibe mithilfe der Abbildungen 2 und 3 die Harnbildung.

2 **Zusammensetzung des Harns.** An verschiedenen Stellen der Nephrone wurde die tägliche Durchflussmenge von Wasser, Kochsalz, Glucose und Harnstoff bestimmt (Abb. 4). Ordne den Zeilen ① bis ⑤ in Abbildung 4 begründet einer der Positionen a bis e in Abbildung 3 zu. Ziffer ① gehört zu a, …

3 **Dialyse.** Fallen die Nieren durch Erkrankung oder Schädigung aus, bleibt als einzige Behandlungsmöglichkeit neben der Nierentransplantation die Dialyse. In der Dialyse filtert eine künstliche Niere die Schadstoffe aus dem Blut heraus (Abb. 5). Die Dialyse erfolgt drei- bis viermal in der Woche für die Dauer von etwa vier bis fünf Stunden. Diese Behandlung ist lebenserhaltend, ersetzt die Niere aber nicht vollständig, da zum Beispiel Vitamine und Aminosäuren bei der Dialyse verloren gehen.
a) Erkläre die Funktionsweise dieser künstlichen Niere.
b) Dialysepatienten wird empfohlen, nur wenig zu trinken. Erkläre diese Empfehlung.

4 **Wüstensäuger.** Säugetiere, die dauerhaft in Trockenwüsten der Erde leben, haben zumeist eine relativ lange Henlesche Schleife. Deute diesen Befund als Angepasstheit.

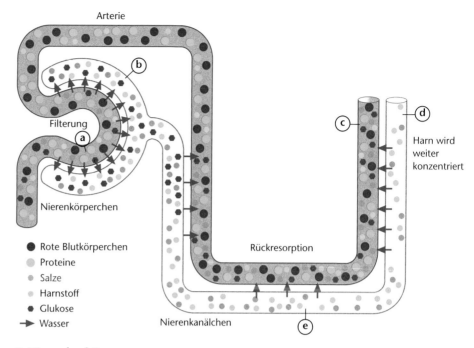

- ● Rote Blutkörperchen
- ● Proteine
- ● Salze
- ● Harnstoff
- ● Glukose
- → Wasser

3 *Nierenfunktion*

	Wasser	Salz	Glucose	Harnstoff
①	900 l	7500 g	900 g	250 g
②	898,5 l	7495 g	900 g	220 g
③	180 l	1500 g	180 g	50 g
④	27 l	30 g	0 g	35 g
⑤	1,5 l	5 g	0 g	30 g

4 *Tägliche Durchflussmenge an verschiedenen Stellen der Nephrone*

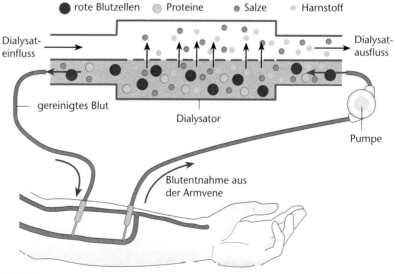

5 *Dialyse*

Die Erdoberfläche ist von einer Hülle aus Gasen umgeben. Diese Gashülle bezeichnet man auch als **Atmosphäre** oder als Lufthülle. Wäre die Erde so groß wie ein Fußball, hätte die Atmosphäre die Dicke einer Briefmarke. Die Lufthülle der Erde ist lebenswichtig. Menschen und viele andere Lebewesen atmen Luft aus der Atmosphäre.

Luft ist ein Gemisch verschiedener Gase. Luft hat weder Farbe, Geruch noch Geschmack. Luft nimmt Raum ein. Ein anderes Wort für Rauminhalt ist Volumen.

Luft hat Masse. Mit seiner Masse übt Luft eine Gewichtskraft aus, den Luftdruck. In Wetterberichten wird von Hoch- und Tiefdruckgebieten gesprochen.

Luft besteht hauptsächlich aus den Gasen Stickstoff und Sauerstoff. In sehr kleinen Anteilen ist auch das Gas Kohlenstoffdioxid enthalten. Von hundert Litern Luft sind 78 Liter Stickstoff, 21 Liter Sauerstoff und ein Liter andere Bestandteile, darunter Kohlenstoffdioxid.

Alle Stoffe, also auch die Luft, bestehen aus winzigen Bausteinen, den Atomen. Atome sind so klein, dass ungefähr zehn Millionen auf einem Millimeter nebeneinandergereiht Platz haben.

Einen Stoff, den man chemisch nicht weiter in andere Stoffe zerlegen kann, bezeichnet man als Element. Sauerstoff ist zum Beispiel ein Element, Kohlenstoff ein anderes. Jedes Element hat seine eigene Sorte von Atomen.
Elemente werden mit Buchstaben bezeichnet. Sauerstoff hat als Elementzeichen den Großbuchstaben O, Kohlenstoff den Großbuchstaben C.

ein Atom Sauerstoff   ein Atom Kohlenstoff
O   C

Oft schließen sich mehrere Atome zusammen. Man spricht dann von einem Molekül. Ein Molekül besteht immer aus zwei oder mehr Atomen. Sauerstoff kommt in der Natur nicht in Form von einzelnen Atomen vor, sondern als Molekül aus zwei Atomen Sauerstoff. Kohlenstoffdioxid ist ein Molekül aus zwei Atomen Sauerstoff und einem Atom Kohlenstoff.

ein Molekül Sauerstoff   ein Molekül
O_2 Kohlenstoffdioxid
                           CO_2

1 *Stoffe bestehen aus kleinen Bausteinen*

2 *Ausschnitt der Erdoberfläche und der Atmosphäre, vom Weltraum aus fotografiert*

Weltall

Atmosphäre

Erdoberfläche

Grundwissen

1 Steckbrief Luft. Lies den Text auf der Grundwissenseite. Fertige einen Steckbrief über Luft an, benutze Stichworte.

2 Luft hat Rauminhalt (Volumen). Überlegt euch ein Experiment, mit dem ihr nachweisen könnt, dass Luft Raum einnimmt. Benutzt dazu eine durchsichtige Flasche, eine durchsichtige Schüssel und Wasser.

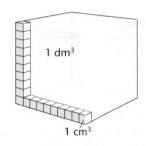

m^3 = Kubikmeter,
dm^3 = Kubikdezimeter,
cm^3 = Kubikzentimeter

$1\ m^3$ = 1000 dm^3
$1\ dm^3$ = 1000 cm^3 = 1 Liter (l)
$1\ cm^3$ = 1 Milliliter (ml)

3 Volumen-Einheiten

3 Merksätze: Atome, Elemente und Moleküle. Schreibe in dein Heft je einen Merksatz über die Begriffe Atom, Element und Molekül (Abb. 1).

unten offenes Glasgefäß mit Wasser gefüllt

Schlauch ins Glasgefäß

Wanne mit Wasser

4 Bestimmung des Atemvolumens

4 Atemvolumen bestimmen.
a) Berechne anhand der Angaben in Abbildung 5 das Atemvolumen pro Minute und pro Stunde. Gib die Ergebnisse auch in Kubikdezimetern und in Kubikmetern an (Abb. 3).
b) Beschreibe den in Abbildung 4 dargestellten Versuch. Bestimme mit diesem Versuch, wie viel Liter Luft du nach ganz tiefem Einatmen maximal ausatmen kannst.

5 Moleküle in der Luft. Beschreibe die Abbildung 6. Die grünen Kugeln in Abbildung 6 stellen Stickstoffatome dar. Das Elementzeichen für Stickstoff ist N. Benutze dabei die Fachbegriffe. Um welche Elemente handelt es sich bei den dargestellten Atomen und Molekülen?

6 Nachweis von Kohlenstoffdioxid. Kalkwasser (Xi) ist ein Nachweismittel für Kohlenstoffdioxid.
a) Fülle ein Reagenzglas und den Boden einer Petrischale mit Kalkwasser (Abb. 7). Verschließe das Reagenzglas sofort. Die Petrischale bleibt offen. Vergleiche beide Proben im Abstand von zehn Minuten etwa vierzig Minuten lang. Protokolliert die Veränderungen und erklärt das Ergebnis.
b) Überlegt euch eine Versuchsanordnung, mit der ihr Kohlenstoffdioxid in der Ausatmungsluft nachweisen könnt. Dazu soll Kalkwasser benutzt werden.

	Atemhäufigkeit pro Minute	Volumen je Atemzug in Milliliter
Neugeborene	50	18
Kinder, 2–3 Jahre	24	122
Jungen, 12 Jahre	16	305
Mädchen, 12 Jahre	16	289

5 Atemhäufigkeit und Atemvolumen je Atemzug, in Ruhe

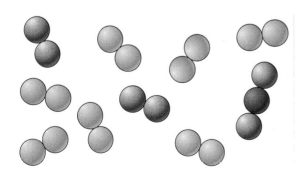

6 Luft ist ein Gasgemisch

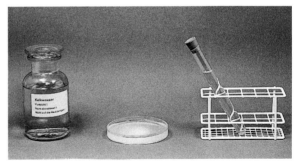

7 Nachweis von Kohlenstoffdioxid mit Kalkwasser

73

5.2 Wie wir ein- und ausatmen

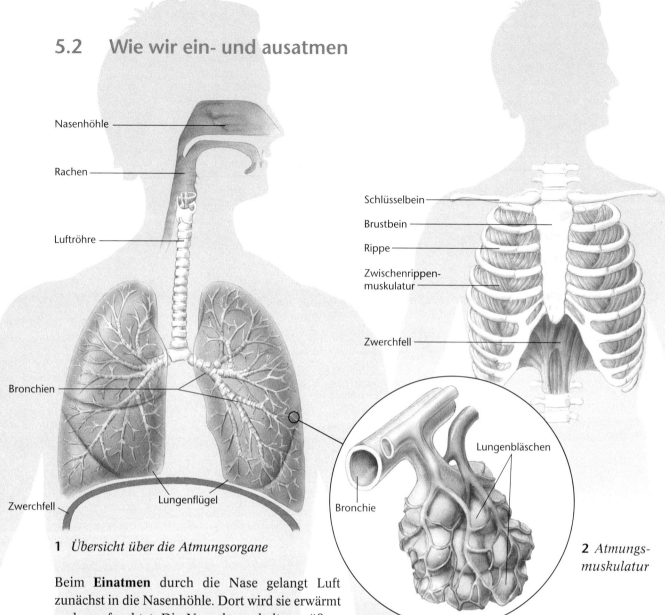

Nasenhöhle

Rachen

Luftröhre

Bronchien

Zwerchfell

Lungenflügel

Schlüsselbein

Brustbein

Rippe

Zwischenrippen-
muskulatur

Zwerchfell

Lungenbläschen

Bronchie

1 *Übersicht über die Atmungsorgane*

2 *Atmungs-
muskulatur*

Beim **Einatmen** durch die Nase gelangt Luft zunächst in die Nasenhöhle. Dort wird sie erwärmt und angefeuchtet. Die Nasenhaare halten größere Staubteilchen zurück. Vom Rachen gelangt die Luft in die ungefähr zwölf Zentimeter lange Luftröhre (Abb. 1). Diese verzweigt sich in die Bronchien, die sich im rechten und linken Lungenflügel immer weiter verästeln.

Die Gesamtlänge der Bronchien wird auf fast einen Kilometer geschätzt. Die Bronchien sind mit einer feuchten Schleimhaut ausgekleidet. Im Schleim werden feinste Staubteilchen und Bakterien festgehalten. Am Ende der Verästelungen der Bronchien befinden sich winzige, traubenförmig angeordnete **Lungenbläschen**. Sie sind dünnwandig und von einem dichten Netz von Blutgefäßen umgeben. Beim

Einatmen erweitert sich der Brustkorb und Luft wird in die Lungen eingesaugt.

Beim **Ausatmen** verkleinert sich der Brustkorb. Luft wird aus der Lunge gedrückt. Diese Bewegungen werden durch die **Atmungsmuskulatur** hervorgerufen (Abb. 2). Dazu gehören die Zwischenrippenmuskeln und das Zwerchfell. Wenn sich die Zwischenrippenmuskeln zusammenziehen, werden die Rippen angehoben. Flacht sich das Zwerchfell ab, erweitert sich der Brustraum. Die Lunge folgt diesen Bewegungen und erweitert sich beim Einatmen.

74

Was ist ein Modell?

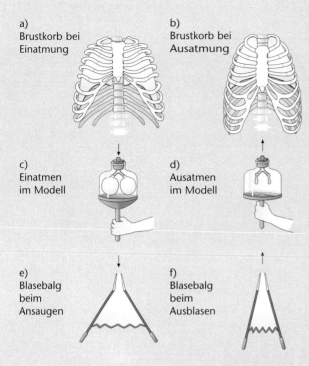

a) Brustkorb bei Einatmung

b) Brustkorb bei Ausatmung

c) Einatmen im Modell

d) Ausatmen im Modell

e) Blasebalg beim Ansaugen

f) Blasebalg beim Ausblasen

3 *Atmung; a, b: Brustkorb mit farbig einge-zeichneter Ausdehnung der Lunge; c, d: Modell mit Glasglocke; e, f: Blasebalg als Modell*

Ein Modell stellt die Wirklichkeit in vereinfachter Form dar. Modelle dienen der Veranschaulichung von Bau und Funktion. Dadurch tragen Modelle zum Verständnis komplizierter Sachverhalte bei. Ein Modell berücksichtigt immer nur Teile der Wirklichkeit. Die abgebildeten Modelle zur At-mung veranschaulichen vor allem die Funktion der Atmungsmuskulatur, nicht ihren Bau.

1 Modelle zum Ein- und Ausatmen.
a) Ordne den Modellen in Abbildung 3 den Bau der Atmungsorgane und die Vorgänge bei der Atmung zu. Beschreibe anhand der Modelle die Atembewe-gungen.
b) Bewerte die beiden Modelle in Abbildung 3 im Hinblick auf ihre Eignung, die Atembewegung beim Menschen darzustellen.
c) Besorge dir einen Blasebalg und beschreibe daran das Ein- und Ausatmen.

2 Weg der Einatmungsluft. Erstelle ein Ablaufschema über den Weg der Einatmungsluft. Berücksichtige dabei Abbildung 1 und den Text.

3 Atmungsmuskulatur. Be-schreibe die Tätigkeit der Atmungs-muskulatur beim Einatmen und beim Ausatmen (Abb. 2, 3 a, b).

4 Atmen und Sprechen. Beschreibe möglichst umfassend die Zusammenhänge zwischen Atmen und Sprechen. Beobachte dabei auch dich selbst, eine Mit-schülerin oder einen Mitschüler beim langsamen, lauten Vorlesen eines Textes.

a)

b)

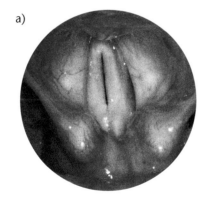
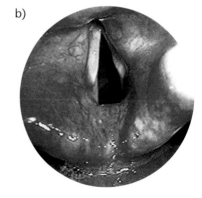

4 *Sprechlaute entstehen, wenn beim Ausatmen die Luft durch die Stimmbänder gepresst wird (a). Geöffnete Stimmbänder, wenn man nicht spricht (b).*

5.3 Lunge und Gasaustausch

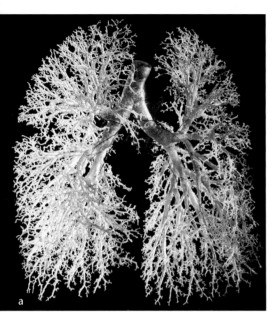

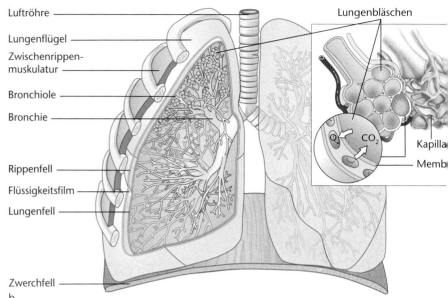

Luftröhre
Lungenflügel
Zwischenrippen-
muskulatur
Bronchiole
Bronchie
Rippenfell
Flüssigkeitsfilm
Lungenfell
Zwerchfell

Lungenbläschen
O_2
CO_2
Kapilla
Memb

a

b

1 *a) Bronchien der Lunge, b) Aufbau und Funktion der Lunge*

Bei der **Atmung** wird Sauerstoff in den Körper aufgenommen und Kohlenstoffdioxid abgegeben. Die Aufnahme des Sauerstoffs und die Abgabe von Kohlenstoffdioxid in der Lunge bezeichnet man als **äußere Atmung.** In den Zellen findet die innere Atmung oder **Zellatmung** statt. Dabei werden energiereiche Stoffe aus der Nahrung mithilfe des Sauerstoffs in Kohlenstoffdioxid und Wasser umgewandelt. Ein Teil der in den Nährstoffen enthaltenen Energie wird dabei in eine für die Zellen nutzbare Form überführt.

Die Luft gelangt durch den Nasen- und Rachenraum in die Luftröhre. Im oberen Teil des Brustkorbes gabelt sich die Luftröhre in zwei Bronchien (Abb. 1). Diese verästeln sich in den Lungenflügeln immer mehr zu feineren Ästen, den Bronchiolen. Am Ende jeder Bronchiole befinden sich zahlreiche dünnhäutige Lungenbläschen. Diese sind von einem dichten Netz winziger Blutgefäße, den Kapillaren, umgeben. Die Lunge liegt gut geschützt im Brustkorb. Das Lungenfell und das darüberliegende Rippenfell überziehen die beiden Lungenflügel. Zwischen diesen beiden dünnen Häuten befindet sich ein Flüssigkeitsfilm. Das muskulöse Zwerchfell trennt den Brustraum von der Bauchhöhle. Beim Einatmen vergrößert sich durch die Kontraktion der Zwischenrippenmuskulatur und des Zwerchfells der Brustraum. Der Flüssigkeitsfilm zwischen Lungen- und Rippenfell sorgt dafür, dass die Lunge der Erweiterung des Brustkorbs passiv folgt. Es entsteht ein Unterdruck in den Lungenbläschen und die Luft wird wie bei einer Saugpumpe eingesaugt. Beim Ausatmen entspannt sich das Zwerchfell und die Zwischenrippenmuskulatur, die Luft wird herausgepresst.

Der Gasaustausch findet in den Lungenbläschen statt. Die Atemluft und das Blut sind hier nur durch die sehr dünnen Membranen der Kapillaren und der Lungenbläschen getrennt. Die Gase diffundieren vom Ort hoher Konzentration zum Ort niedriger Konzentration. Der Sauerstoff diffundiert aus den Lungenbläschen durch die Membran in das Blut. Das Kohlenstoffdioxid gelangt auf dem umgekehrten Weg vom Blut in die Lungenbläschen (Abb. 1). Das Atemzentrum im Gehirn regelt die Atmung. Sinneszellen messen ständig die Konzentration an Kohlenstoffdioxid und Sauerstoff im Blut.

76

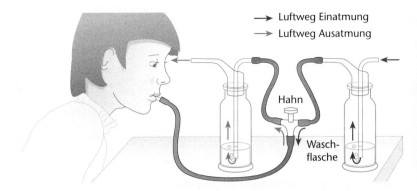

Luftweg Einatmung
Luftweg Ausatmung

Hahn

Wasch-
flasche

Kalkwasser ist eine farblose Lösung von Calciumhydroxid in Wasser. Leitet man in Kalkwasser Kohlenstoffdioxid ein, so fällt ein weißer Stoff aus. **Phenolphthalein** ist ein Nachweismittel für Säuren und Laugen. In Säuren ist es farblos und in Laugen violett.

2 *Versuchsaufbau zum Nachweis von Kohlenstoffdioxid*

1 **Nachweis von Kohlenstoffdioxid.** Abbildung 2 zeigt einen Versuchsaufbau, mit dem das ausgeatmete Kohlenstoffdioxid nachgewiesen werden kann.
Versuch 1: Die Waschflaschen sind mit jeweils 50 ml Kalkwasser gefüllt. Die Versuchsperson atmet durch das Schlauchstück mehrmals ein und aus. Der Hahn wird zwischen dem Ein- und Ausatmen umgestellt.
Versuch 2: Die Waschflaschen enthalten jeweils 50 ml 0,1 mol/l Natronlauge und drei Tropfen Phenolphthalein-Lösung. Die Versuchsperson atmet wieder über die rechte Waschflasche ein und über die linke aus, bis die Violettfärbung verschwindet. Die Anzahl der Atemzüge bis zur Entfärbung wird bestimmt. Hinweis: Beim Einleiten von Kohlenstoffdioxid in Wasser entsteht Kohlensäure.
a) Formuliere begründete Hypothesen über die zu erwartenden Beobachtungen.
b) Erkläre die in den Versuchen ablaufenden chemischen Vorgänge.

2 **Modellversuch.** Benetze einen Objektträger mit einem Tropfen Wasser. Lege dann einen zweiten Objektträger darauf. Versuche, die Objektträger gegeneinander zu verschieben sowie voneinander zu trennen. Übertrage das Modell auf die Atembewegung. Wofür stehen die Objektträger und das Wasser?

3 **Gasaustausch.** Grundlage des Gasaustausches in den Lungenbläschen ist die Diffusion. Abbildung 3 zeigt den Partialdruck der Atemgase an verschiedenen Stellen des Kreislaufsystems.
a) Beschreibe anhand der Abbildungen 1 und 3 den Weg des Sauerstoffs und den Weg des Kohlenstoffdioxids im Körper.
b) Begründe die Veränderung der Partialdrücke von Kohlenstoffdioxid und Sauerstoff in der Abbildung 3 a) – f).

4 **Erste-Hilfe-Maßnahme: Beatmung.** Bei der Mund-zu-Mund-Beatmung atmet der Helfende ein und setzt den geöffneten Mund um die Nase des Verletzten herum dicht auf. Die eigene Ausatemluft wird in die Nase des Verletzten geblasen. Begründe, warum die ausgeatmete Luft für die Atemspende verwendet werden kann (Abb. 3).

Partialdruck: In einem Gemisch von verschiedenen Gasen übt jedes Gas einen Teildruck (Partialdruck) aus. In der Einatmungsluft übt das Gas Sauerstoff einen Teildruck von 21,2 kPa (Kilopascal) und das Gas Kohlenstoffdioxid einen Teildruck von 0,04 kPa aus. Mit den Teildrücken der anderen in der Luft enthaltenen Gase (z. B. Stickstoff) ergibt sich in der Summe der Gesamtluftdruck von 101,3 kPa. Der Partialdruck stellt somit ein Maß für die Sauerstoff- bzw. Kohlenstoffdioxidkonzentration dar.

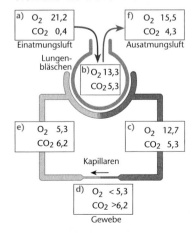

3 *Partialdrücke der Atemgase im Kreislaufsystem in kPa*

77

5.4 Rauchen

Arsen (k)
Blausäure
Benzol (k)
Blei, Cadmium (k)
Formaldehyd (k)
Kohlenstoffmonooxid
Naphthalin
Nikotin
Nitrosamine (k)
Phenole
Radon (k)
Teer (k)

k = krebserregend

1 *Einige Inhaltsstoffe des Zigarettenrauchs*

Beim Rauchen gelangt eine Vielzahl von gesund-
heitsgefährdenden Stoffen in die Atmungsorgane
und zum Teil mit dem Blut in den Körper (Abb. 1).
Zum Schutz vor Fremdkörpern sind die Luftröhre und die Bronchien mit einer Schleimhaut
ausgekleidet, die einen samtartigen Überzug aus
Flimmerhärchen trägt (Abb. 2, 3). Abgegebener
Schleim verklebt Staub, Pollen und andere ein-
geatmete Teilchen. Die Bewegung der Härchen
transportiert die Teilchen in den Rachenraum, wo
sie geschluckt oder abgehustet werden. Die im
Rauch enthaltenen Stoffe schädigen dieses Selbstreinigungssystem der Lunge. Die Teerstoffe des
Zigarettenrauchs verkleben die Flimmerhärchen.
Der nicht mehr abtransportierte Schleim führt zu
einem ständigen Hustenreiz, dem Raucherhusten.
Der Schleim bildet einen guten Nährboden für
Bakterien. Als Folge kann eine chronische Entzündung der Schleimhaut auftreten. Viele Stoffe
im Tabakrauch sind krebserregend. Das Nikotin
im Tabak ist ein starkes Nervengift. Es lähmt die

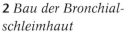

2 *Bau der Bronchial-
schleimhaut*

Bakterien
und Fremd-
körper

Flimmer-
härchen

Flimmerzelle

Schleim
produzieren-
de Zelle

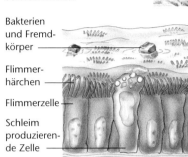

3 *Bronchial-
schleimhaut*

Aktivität der Flimmerhärchen. Durch Nikotin verengen sich die Blutgefäße, besonders in der Haut,
im Gehirn und im Herzmuskel. Die schlechtere
Durchblutung der Haut führt zu einer Absen-
kung der Hauttemperatur (Abb. 7). Nikotin ist
eine Droge, die abhängig macht: Nikotin sorgt für
eine erhöhte Ausschüttung des Botenstoffs Do-
pamin, was angenehme Empfindungen auslöst. So
entsteht das Verlangen nach einer nächsten
Zigarette.

Das Kohlenstoffmonoxid des Tabakrauches beeinträchtigt den Sauerstofftransport im Blut. Es
bindet sich 325-mal stärker als Sauerstoff an den
roten Blutfarbstoff Hämoglobin, der dann weniger
Sauerstoff transportieren kann.

**Wenn du jetzt mit dem Rauchen aufhörst,
dann ...**

... hat **20 Minuten** später dein Körper die gleiche
Temperatur wie der eines Nichtrauchers.

... ist **nach acht Stunden** die Sauerstoff-
versorgung des Blutes wieder normal.

... hat **sich nach zwei Tagen** der Geruchs- und
Geschmackssinn verfeinert.

... ist **nach drei Tagen** die Atmung merklich
verbessert.

... hat **nach drei Monaten** die Verfärbung der
Zähne, die Zahl der Fältchen und der Husten
abgenommen.

... ist **nach zehn Jahren** das Lungenkrebsrisiko
fast genauso gering wie bei Nichtrauchern.

4 *Nach der letzten Zigarette ...*

78

1 **Rauchen und Hauttemperatur.** Wärmebilder zeigen die unterschiedlichen Temperaturbereiche eines Körperteils. Beschreibe die in Abbildung 7 dargestellte Verteilung der Hauttemperaturen. Vergleiche beide Messergebnisse und erkläre die Unterschiede.

2 **Rauchstopp.**
a) Bewerte die Auswirkungen eines sofortigen Rauchstopps (Abb. 4).
b) Entwirf ein Plakat, das Menschen auffordert, mit dem Rauchen aufzuhören.

3 **Chronische Bronchitis.** Zu den häufigsten Erkrankungen des Lungensystems gehört die chronische Bronchitis. Sie ist vor allem eine Folge der durch den Zigarettenrauch verursachten Dauerentzündung der Bronchialschleimhaut.
Der Text in Abbildung 6 beschreibt einen an chronischer Bronchitis Erkrankten. Erstelle ein Fließdiagramm, das die Entstehung der chronischen Bronchitis beschreibt. Berücksichtige dabei auch Abbildung 5 und den Grundwissentext.

Dirk A., 45 Jahre alt, leidet seit mehreren Jahren ständig unter Husten. Dabei gelangt oft ein schleimiger Auswurf, manchmal mit gelblichem Eiter vermischt, aus den Atemwegen in den Rachen und Mund. Dirk A. ist kurzatmig. Beim Treppensteigen leidet er unter Atemnot. Wenn er sich körperlich betätigt, merkt er, dass er schneller als früher müde wird. Sein Arzt sagt, dass die Entzündung der Bronchialschleimhaut ein Anschwellen der Schleimhaut und vermehrte Schleimproduktion bewirkt. Eine zusätzliche Verkrampfung der Bronchialmuskulatur führt zu akuter Atemnot. Dirk A. hat von seinem 16. bis 27. Lebensjahr geraucht, dann sechs Jahre mit dem Rauchen aufgehört. Seit seinem 33. Lebensjahr raucht er zwischen 25 und 35 Filterzigaretten täglich.

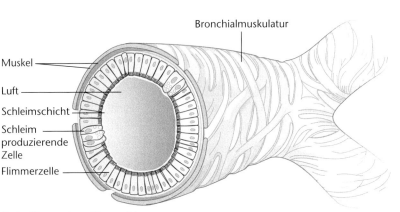

Muskel
Luft
Schleimschicht
Schleim produzierende Zelle
Flimmerzelle
Bronchialmuskulatur

5 *Aufbau einer Bronchie*

6 *Chronische Bronchitis*

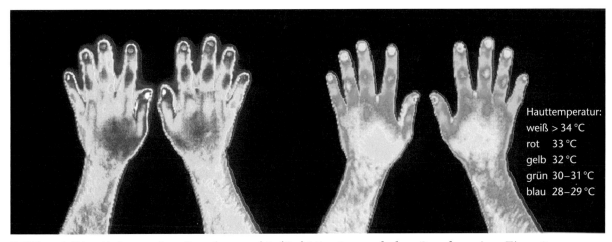

Hauttemperatur:
weiß > 34 °C
rot   33 °C
gelb 32 °C
grün 30–31 °C
blau 28–29 °C

7 *Wärmebilder, links vor dem Rauchen, rechts fünf Minuten nach dem Rauchen einer Zigarette*

79

5.5   Das Zusammenwirken der Organe

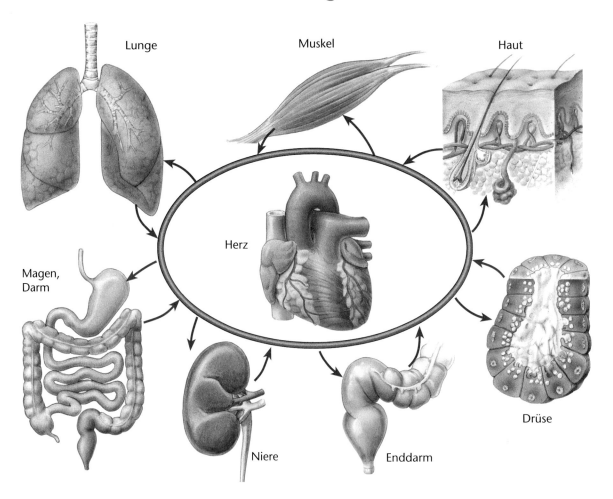

Lunge

Muskel

Haut

Herz

Magen,
Darm

Niere

Enddarm

Drüse

1 *Am Stoffwechsel beteiligte Organe*

Der Motor eines Autos funktioniert nur dann fehlerfrei, wenn alle beteiligten Bauteile zu einem System verknüpft sind. Unter einem System versteht man eine Menge von Einzelteilen, die aufeinander abgestimmt sind und so ein funktionsfähiges Ganzes ergeben.

Der menschliche Körper ist ein kompliziertes **Organsystem**. Ein reibungsloser Ablauf ist nur gewährleistet, wenn alle beteiligten Einzelorgane sinnvoll und kontrolliert zusammenarbeiten. Die Abbildung 1 zeigt Organe, die im menschlichen Körper am Stoffwechsel beteiligt sind.

Dient der Stoffwechsel dem Aufbau von Stoffen für das Wachstum oder die Erneuerung, spricht man von **Baustoffwechsel**. Beispiele für Zellen mit besonders umfangreichem Baustoffwechsel sind Drüsenzellen und Schleimhautzellen. Stoffwechselvorgänge, die der Bereitstellung von nutzbarer Energie dienen, nennt man **Energiestoffwechsel**. Muskelzellen betreiben einen intensiven Energiestoffwechsel.

Das Stoffwechselgeschehen des Menschen lässt sich in mehrere Abschnitte gliedern (Abb. 2). Nach der Aufnahme der benötigten Stoffe erfolgt der Transport zu den verschiedenen Körperzellen. Dort findet der Stoffumbau statt. Die Nieren reinigen das Blut von bestimmten Abfallstoffen. Für die Abgabe der Abfallstoffe stehen mehrere Ausscheidungsorgane zur Verfügung.

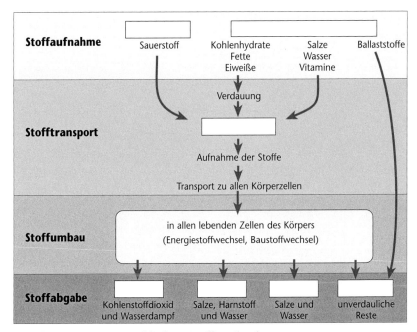

Stoffaufnahme	Sauerstoff	Kohlenhydrate Fette Eiweiße	Salze Wasser Vitamine	Ballaststoffe

Verdauung

Stofftransport

Aufnahme der Stoffe

Transport zu allen Körperzellen

Stoffumbau — in allen lebenden Zellen des Körpers (Energiestoffwechsel, Baustoffwechsel)

Stoffabgabe	Kohlenstoffdioxid und Wasserdampf	Salze, Harnstoff und Wasser	Salze und Wasser	unverdauliche Reste

2 *Schema zum menschlichen Stoffwechsel*

1 Systeme.

a) Vergleiche das Produktionssystem der Fabrik mit dem Stoffwechselsystem des Menschen (Abb. 1, 3, 4). Stelle die sich entsprechenden Einzelteile in Form einer Tabelle dar.

b) Nenne weitere Systeme, in denen mehrere Einzelteile zu einer funktionsfähigen Einheit verknüpft sind. Suche nach Beispielen im Bereich der Technik, der Biologie und der Gesellschaft.

2 Der menschliche Stoffwechsel.

Das Schema veranschaulicht die Vorgänge beim menschlichen Stoffwechsel (Abb. 2). Übertrage das Schema in dein Heft. Schreibe in die leeren Kästchen jeweils den Namen des entsprechenden Organs oder Organteils.

Alle Stoffe, die zur Bereitstellung der Energie oder als Grundstoff benötigt werden, müssen auf das Firmengelände gebracht werden. Dazu kommen noch Stoffe, wie z.B. Verpackungsmaterial, die das Gelände gleich wieder verlassen. Auf Förderbändern oder Fahrzeugen werden alle Abteilungen mit den notwendigen Stoffen versorgt. Mit ihrer Hilfe werden nun die Produkte der Firma hergestellt.

Energie und Wärme liefern Kraftwerke. Hierzu werden die energiehaltigen Stoffe verbrannt. Die benötigte Luft wird durch Gebläse in die Kraftwerke gepumpt. Bei der Produktion fallen verschiedene feste, flüssige und gasförmige Abfallstoffe an. Diese verlassen über Abflussrohre, Kamine oder Lastkraftwagen das Gelände. Dem Abwasser werden vorher alle wieder verwertbaren Stoffe entnommen.

3 *Produktionssystem einer Fabrik*

4 *Fabrikgelände*

Zusammenfassung: Biologische Prinzipien zum Thema „Stoffwechsel des Menschen"

Die nachfolgenden Sachverhalte stammen aus den Kapiteln „Ernährung", „Blut und Blutkreislauf" und „Atmung". Die biologischen Prinzipien sind in diesem Buch auf der Methodenseite „Arbeiten mit biologischen Prinzipien" erläutert.

1 Aufgabe: Ordne jedem der nachfolgenden Sachverhalte ein biologisches Prinzip oder mehrere biologische Prinzipien zu. Begründe die von dir gewählte Zuordnung.
Biologische Prinzipien:
– Struktur und Funktion
– Energieumwandlung
– Zelluläre Organisation
– Reproduktion
– Information und Kommunikation

1. Menschen müssen Nahrung aufnehmen. Nahrung enthält Nährstoffe. Dazu zählen Kohlenhydrate, Eiweiße und Fette. Nährstoffe werden zum Aufbau, zum Wachstum und zum Erhalt des Körpers benötigt. Nährstoffe liefern zudem die Energie für die Aufrechterhaltung der Lebensvorgänge, zum Beispiel für Bewegungen und konstante Körpertemperatur.

2. Bei der Verdauung werden Nährstoffe zu kleinen, wasserlöslichen Bausteinen abgebaut, die resorbiert werden können. Der Weg der Nahrung bei der Verdauung ist: Mund, Speiseröhre, Magen, Dünndarm und Dickdarm.

3. Man spricht von ausgewogener Ernährung, wenn mit der Nahrung Nährstoffe sowie Wasser, Vitamine, Mineralsalze und Ballaststoffe in der Menge aufgenommen werden, bei der ein Mensch gesund und leistungsfähig bleibt.

4. Enthalten die mit der Nahrung aufgenommenen Nährstoffe mehr Energie, als vom Körper benötigt wird, kann es zu Übergewicht kommen. Überschüssige Kohlenhydrate werden in Fette umgewandelt und im Körper abgelagert.

5. Der Dünndarm besitzt durch Falten, Zotten und Zellausstülpungen eine sehr große Oberfläche. Diese große Fläche begünstigt die Resorption, also die Aufnahme der verdauten Nährstoffe ins Blut und in die Lymphe.

6. Zellatmung heißt der Abbau energiereicher organischer Stoffe, zum Beispiel Glucose, zu den energiearmen Stoffen Kohlenstoffdioxid und Wasser. Dazu wird Sauerstoff benötigt. Energie aus der Zellatmung ist für die meisten Lebewesen Grundlage aller Lebensvorgänge.

7. Energieformen sind unter anderem chemische Energie (zum Beispiel in Nährstoffen), Strahlungsenergie (zum Beispiel Lichtenergie), Bewegungsenergie, elektrische Energie und Wärmeenergie. Lebewesen sind Energiewandler. So kann der Mensch die chemische Energie aus der Nahrung unter anderem in Bewegungsenergie und in Wärmeenergie umwandeln.

8. Das Blut enthält spezialisierte Zellen, die wichtige Aufgaben im Körper haben. Rote Blutzellen transportieren mithilfe des roten Blutfarbstoffes Hämoglobin Sauerstoff, weiße Blutzellen sind an der Immunabwehr des Körpers beteiligt. Blutplättchen sind kleine Zellbruchstücke, die bei der Blutgerinnung eine wichtige Rolle spielen.

9. Die Nieren sind wichtige Ausscheidungsorgane. Die kleinsten Funktionseinheiten der Nieren, die Nephrone, sind so gebaut, dass sie wie ein Filter wirken.

10. Alle Lungenbläschen des Menschen zusammen nehmen eine Fläche von ungefähr hundert Quadratmetern ein. Die Lungenbläschen sind dünnwandig und von einem Netz an Blutgefäßen umgeben. In den Lungenbläschen findet der Gasaustausch von Sauerstoff und Kohlenstoffdioxid statt.

11. Die Bewegung der Flimmerhärchen der Bronchialschleimhaut transportiert Schmutzteilchen in den Rachenraum, wo sie abgehustet werden. Tabakrauch schädigt dieses Selbstreinigungssystem.

12. Im Körper arbeiten Atmungsorgane, Verdauungsorgane, das Herz-Kreislauf-System und andere Organe arbeitsteilig zusammen. Die Blutgefäße und das Herz bilden ein wichtiges Transportsystem im Körper. Unter anderem werden Sauerstoff und Nährstoffe mit dem Blut in alle Bereiche des Körpers transportiert.

13. Die Häufigkeit des Herzschlags und der Atmung unterliegen Regelungsvorgängen. Bei körperlichen Anstrengungen benötigen vor allem die Muskeln mehr Energie aus der Zellatmung als in Ruhe. Der Körper passt sich diesen Erfordernissen kurzfristig an, indem die Häufigkeit des Herzschlags und der Atmung erhöht wird.

14. Der Körper eines Menschen, der sich regelmäßig körperlich betätigt, zeigt über Wochen, Monate und Jahre stattfindende individuelle Anpassungen, zum Beispiel in Hinblick auf die Herzgröße und die Durchblutung der Muskeln.

Stoffwechsel des Menschen

"Pubertät: Vorsicht Baustelle"

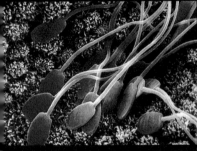

Sexualerziehung

6 Sexualität

6.1 Die Pubertät

Pubertät bedeutet Geschlechtsreifung. Dieser Begriff umfasst die gefühlsmäßigen und körperlichen Veränderungen, die in dem Zeitraum stattfinden, in dem ein Mädchen zu einer geschlechtsreifen Frau und ein Junge zu einem zeugungsfähigen Mann werden. Die Pubertät kann schon im Alter von 9 Jahren oder erst mit 16 Jahren einsetzen. Verantwortlich für den genauen Zeitpunkt ist ein Bereich des Zwischenhirns, der Hypothalamus.

Hormone sind chemische Stoffe, die als Botenstoffe wirken. Sie werden in speziellen Zellen gebildet und meistens mit dem Blut transportiert. Verschiedene Organe im Körper enthalten Zellen, die für ganz bestimmte Hormone passende Rezeptoren besitzen. Werden Hormone gebunden, lösen sie in den betreffenden Organen Stoffwechselvorgänge aus. Mit Beginn der Pubertät beginnen viele durch Hormone gesteuerte Vorgänge.

Die Nervenzellen des Hypothalamus geben so genannte Freisetzungshormone an die Hirnanhangsdrüse, die Hypophyse, ab (Abb. 1, 2). Dies führt dazu, dass die Hypophyse zwei Arten von Hormonen ins Blut abgibt: das **F**ollikel **s**timulierende **H**ormon (FSH) und das **l**uteinisierende **H**ormon (LH). Diese Hormone gelangen zu den männlichen Keimdrüsen, den Hoden, beziehungsweise zu den weiblichen Keimdrüsen, den Eierstöcken. Unter dem Einfluss der Hypophysenhormone werden in den Keimdrüsen die Geschlechtshormone gebildet. Das Hormon LH bewirkt in den Hoden die Bildung der männlichen Geschlechtshormone. Sie werden unter dem Namen Androgene zusammengefasst, zu denen auch das Testosteron gehört. Die Androgene bewirken gemeinsam mit dem FSH, dass in den Hoden die männlichen Geschlechtszellen, die Spermien, heranreifen. Zusätzlich lösen sie das Wachstum von Hoden und Penis aus. Die Geschlechtsorgane erlangen ihre volle Funktionsfähigkeit. Nachdem sich die Geschlechtsorgane, die auch als primäre Geschlechtsmerkmale bezeichnet werden,

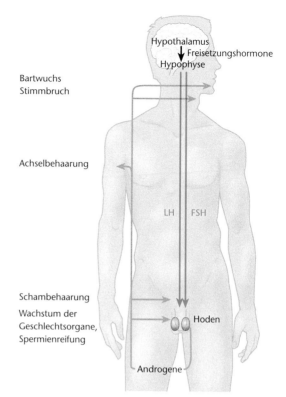

1 *Geschlechtshormone beim Mann*

weiterentwickelt haben, prägen sich auch die sekundären Geschlechtsmerkmale aus. Dies sind bei einem Jungen: Bartwuchs, Achsel-, Scham- und sonstige Körperbehaarung sowie Wachstum des Kehlkopfes, das zum Stimmbruch und schließlich zur tieferen Stimmlage führt.

In den Eierstöcken werden zwei Gruppen von weiblichen Geschlechtshormonen gebildet, die Östrogene und die Gestagene (Abb. 2). Die Abgabe der Hormone erfolgt nach und nach in einem bestimmten zeitlichen Muster. Östrogene entstehen vor allem unter dem Einfluss von FSH, Gestagene unter dem Einfluss von LH. Die Geschlechtshormone bewirken, dass die Eierstöcke wachsen und Eizellen heranreifen. Als sekundäre Geschlechtsmerkmale wachsen die Brustdrüsen, und die Achsel- und Schambehaarung bilden sich aus.

In der Pubertät setzt unter dem Einfluss der Geschlechtshormone bei beiden Geschlechtern ein vermehrtes Längenwachstum ein. Dabei verändern sich auch die Körperformen: Bei vielen Jungen bilden sich breitere Schultern aus. Bei vielen Mädchen prägen sich die Hüften stärker aus.

86

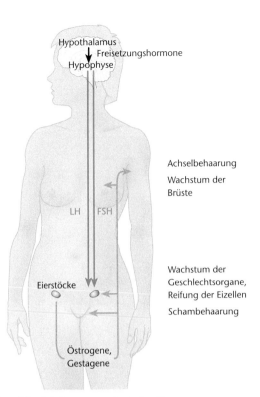

2 *Geschlechtshormone bei der Frau*

1 **Hormone.** Erstelle eine Tabelle mit den Spaltenüberschriften Hormone, Ausgangsort, Zielort, Wirkung und trage zu den in Abbildung 1 und 2 aufgeführten Hormonen entsprechende Angaben ein.

2 **Mitesser und Akne.**
a) Beschreibe die Entstehung von Mitessern und Akne mithilfe der Abbildung 3.
b) Leite aus dem Text eine begründete Vermutung ab, warum besonders häufig Jungen von Akne betroffen sind.

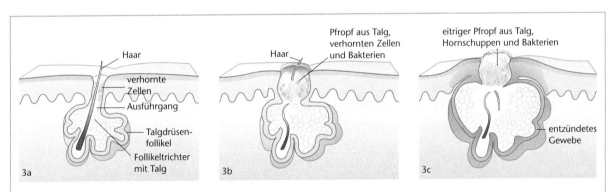

Vor allem Jugendliche in der Pubertät leiden unter Akne: Gerötete, große Pickel bilden sich im Gesicht, im Brust- und oberen Rückenbereich und an den Seiten der Oberarme. Diese Pickel entstehen durch eine Veränderung der Talgdrüsenfollikel (Abb. 3a). Normalerweise sondern die Talgdrüsen Talg in den Follikeltrichter ab. Der Talg schwemmt verhornte Zellen durch den Ausführgang des Follikels aus. Bei Akne kleben die verhornten Zellen zusammen und verstopfen den Ausführgang. Es entsteht ein sogenannter Mitesser – eine Ansammlung von Talg vermischt mit verhornten Zellen (Abb. 3b). Wenn in den Mitesser Bakterien einwandern, kann es zur Entzündung des Talgdrüsenfollikels kommen. Es entstehen oberflächlich mit Eiter gefüllte Bläschen (Abb. 3c). In tieferen Hautschichten können sich sehr schmerzhafte Knoten bilden. Akne entsteht vor allem bei Menschen mit entsprechender genetischer Veranlagung. Werden dann in der Pubertät von den männlichen Keimdrüsen vermehrt Androgene ins Blut abgegeben, regen diese die Talgdrüsen zu einer vermehrten Talgbildung an. Bei Frauen hemmen Östrogene die Entstehung von Akne. Wenn kurz vor der Menstruation der Östrogenspiegel niedrig ist, bilden sich auch bei ihnen vermehrt Pickel. Akne ist nicht ansteckend. Für die Betroffenen ist Akne oft eine große seelische Belastung. In den meisten Fällen kann der Hautarzt oder die Hautärztin helfen.

3 *Entstehung von Akne*

6.2 Geschlechtsreife beim Jungen

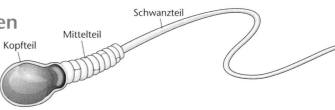

2 *Aufbau eines Spermiums*

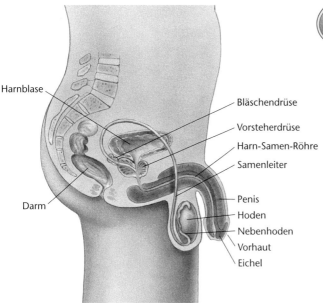

1 *Geschlechtsorgane des Mannes*

3 *Spermien*

In der Pubertät setzt die Entwicklung der Spermien ein. Spermien werden während des ganzen Lebens eines Mannes gebildet. Das bedeutet, dass ein Mann sein ganzes Leben lang zeugungsfähig ist. Ein Spermium ist etwa 0,06 Millimeter groß und gehört zu den kleinsten Zellen des menschlichen Körpers. Es besteht aus einem Kopfteil, einem Mittelteil und einem Schwanzteil (Abb. 2, 3). Das Kopfteil enthält den Zellkern mit den Chromosomen. Das sind die Träger der Erbinformation. Das Mittelteil liefert die Energie für die Fortbewegung des Spermiums. Durch das Schlagen des Schwanzteils erfolgt die Fortbewegung. Die Spermien werden in den Hoden gebildet. Von dort gelangen sie in die Nebenhoden, in denen sie vollständig ausreifen und gespeichert werden (Abb. 1). Die Spermien bleiben in den Nebenhoden über Wochen befruchtungsfähig und werden dann wieder abgebaut. Bevor es zu einem Samenerguss kommt, werden die Spermien durch die Samenleiter weiterbefördert. Dabei passieren sie die Bläschendrüse und die Vorsteherdrüse, die Prostata. Dort werden sie jeweils mit einem Sekret angereichert. Sekrete und Spermien bilden zusammen das Sperma. Im Bereich der Vorsteherdrüse vereinigen sich die beiden

Samenleiter mit der Harnröhre zur Harn-Samen-Röhre, die umgeben von Schwellkörpern durch den Penis führt. Bei sexueller Erregung sind diese Schwellkörper stark mit Blut gefüllt, was zu einer Versteifung (Erektion) des Penis führt. Beim Samenerguss wird das Sperma herausgeschleudert. Die damit verbundene gefühlsmäßige starke Erregung ist der Orgasmus. Bei Frauen ist für das sexuelle Erleben bis hin zum Orgasmus die Stimulation der Klitoris wichtig.

Die erlangte Geschlechtsreife macht es notwendig zu lernen, mit der eigenen Sexualität angemessen umzugehen. Dazu gehört, dass die eigenen sexuellen Bedürfnisse nur so weit ausgelebt werden, dass die Bedürfnisse anderer dabei nicht missachtet werden. Hierbei ist auch Verhütung wichtig, insbesondere die richtige Benutzung eines Kondoms. Es schützt bei sachgemäßer Anwendung nicht nur vor einer Schwangerschaft sondern auch vor einer HIV-Infektion. In einer sexuellen Beziehung übernehmen beide Partner gemeinsam die Verantwortung sowohl für die Verhütung als auch für eine mögliche Schwangerschaft.

Rating-Skala

In Meinungsumfragen werden häufig Rating-Skalen eingesetzt, da sie sehr vielseitig und einfach zu handhaben sind. Bei diesem Verfahren werden die Befragten aufgefordert, ihre Haltung zu einer bestimmten Fragestellung in einer abgestuften Skala grafisch einzuschätzen. Diese Rating-Skalen geben durch Zahlen und/oder Formulierungen Abstufungen vor, die die Entscheidungen der Befragten erleichtern (Abb. 1). Im Gegensatz zu reinen Ja/Nein-Entscheidungen (Abb. 2) werden sie dem Empfinden der befragten Personen häufig eher gerecht und können so detailliertere Ergebnisse liefern. Es werden bei Rating-Skalen in der Regel 5 bis 7 Abstufungen als Antwortmöglichkeiten vorgegeben.

Beispielfrage:
Sind folgende Eigenschaften deiner Einschätzung nach typisch männlich?

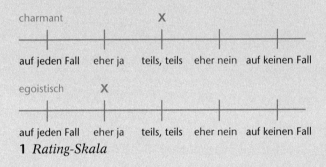

1 *Rating-Skala*

Eigenschaften	Ja	Nein
charmant	x	
egoistisch		x
...		

2 *Ja/Nein-Befragung*

1 **Eine Befragung durchführen.** Welche Eigenschaften sind deiner Meinung nach typisch männlich?
Antwortmöglichkeiten: charmant, egoistisch, einfühlsam, eitel, gefühlskalt, geizig, großspurig, humorvoll, hysterisch, mutig, natürlich, nörgelig, sentimental, stur, unpünktlich, untreu, unvernünftig, verschwendungssüchtig, wehleidig, zärtlich, zuverlässig.
a) Führe die Befragung nach dem Ja/Nein-Prinzip durch.
b) Führe die gleiche Befragung nach dem Rating-Prinzip durch. Wähle folgende Skala:

4 – auf jeden Fall
3 – eher ja
2 – teils, teils
1 – eher nein
0 – auf keinen Fall.

Vergleiche dein Ergebnis mit dem deiner Mitschüler und Mitschülerinnen. Gibt es Unterschiede zwischen den Ergebnissen von Jungen und Mädchen?
c) Stelle das Ergebnis deiner Befragung grafisch dar. Für die Ja/Nein-Befragung eignet sich ein Säulendiagramm. Überlege, wie du die Ergebnisse der Rating-Befragung sinnvoll darstellen kannst.

2 **Männliche Geschlechtsorgane.** Beschreibe die Stationen von der Entstehung von Spermien bis zu ihrem Abbau bzw. Verlassen des Körpers.

3 **Samen oder Spermien?** Pflanzen bilden Samen, aus denen neue Pflanzen heranwachsen können. Begründe, warum man heute den Begriff „Samen" für die männlichen Spermien ablehnt.

4 **Spermien und Temperatur.** Spermien sind während der Reifephase sehr temperaturempfindlich. Sie benötigen eine Temperatur von 34 °C – 35 °C. Erläutere den Zusammenhang zwischen der Temperatur und der Lage der männlichen Geschlechtsorgane.

89

6.3 Geschlechtsreife beim Mädchen

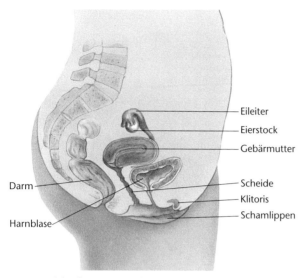

1 *Geschlechtsorgane der Frau*

Labels on figure 1:
- Eileiter
- Eierstock
- Gebärmutter
- Scheide
- Klitoris
- Schamlippen
- Darm
- Harnblase

Mit Beginn der Pubertät reifen in den Eierstöcken unter dem Einfluss des Follikel stimulierenden Hormons (FSH) in Abständen von etwa 28 Tagen Follikel heran (Abb. 2). In jedem Zyklus reift normalerweise nur ein Follikel aus. Im Leben einer Frau sind das insgesamt etwa 450 Follikel. Ein Follikel hat eine kugelige Form und ist durch Zellschichten abgegrenzt. Die innen liegenden Granulosazellen haben zwei Funktionen: Ihre Zellen bilden weibliche Geschlechtshormone und sie betten eine

Eizelle ein. Während der Follikelreifung bildet sich im Inneren eine Follikelhöhle aus. Sie ist mit Flüssigkeit gefüllt und vergrößert sich zunehmend. Im ausgereiften Follikel liegt die Eizelle schließlich an dessen Rand. Ein reifer Follikel kann im Durchmesser bis zu zwei Zentimeter groß sein. Die in ihm liegende Eizelle gehört mit 0,2 Millimeter Durchmesser zu den größten Zellen des menschlichen Körpers. Sie besteht aus dem Zellkern, in dem sich die Chromosomen, die Träger der Erbinformation, befinden. Ein weiterer Bestandteil der Eizelle ist der Dotter, der viele Nährstoffe enthält. Der reife Follikel gelangt an die Oberfläche des Eierstocks. Dort kommt es zum Eisprung: Der Follikel platzt auf, die Eizelle wird mit der Follikelflüssigkeit ausgeschwemmt und vom Trichter des nahe gelegenen Eileiters aufgenommen (Abb. 2). Die Eileiter sind mit einer Schleimhaut ausgekleidet, die mit Flimmerhärchen besetzt ist. Deren Bewegung führt dazu, dass ein Flüssigkeitsstrom entsteht, mit dem die Eizelle in Richtung Gebärmutter bewegt wird.

Eine Eizelle ist nach dem Eisprung nur wenige Stunden befruchtungsfähig. Sie befindet sich in diesem Zeitraum im oberen Teil des Eileiters. Damit sie befruchtet werden kann, müssen Spermien bis dorthin gelangen. Eine befruchtete Eizelle kann sich in die Gebärmutterschleimhaut einnisten, eine unbefruchtete Eizelle wird abgebaut.

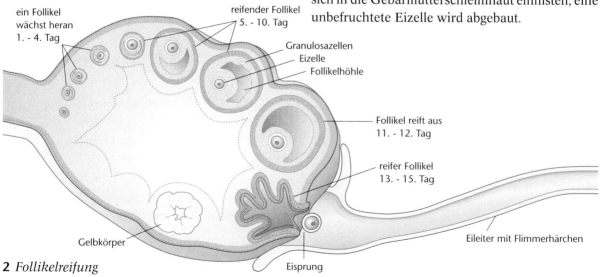

2 *Follikelreifung*

Labels on figure 2:
- ein Follikel wächst heran 1. - 4. Tag
- reifender Follikel 5. - 10. Tag
- Granulosazellen
- Eizelle
- Follikelhöhle
- Follikel reift aus 11. - 12. Tag
- reifer Follikel 13. - 15. Tag
- Eileiter mit Flimmerhärchen
- Gelbkörper
- Eisprung

90

Pubertät: Der nervige Umbau im Gehirn

Hirnforscher fanden eine überraschende Begründung dafür, warum Teenies manchmal unausstehlich sein können.

Im einen Moment sind sie lieb und zuvorkommend, im nächsten völlig gereizt und mies gelaunt. Bei Kindern, die gerade die Pubertät durchmachen, kann die Stimmung sehr schnell wechseln. Bislang dachte man, dass Hormone schuld daran seien. Hirnforscher haben herausgefunden, dass nicht nur Hormone, sondern auch der Umbau von Nervenverbindungen im Gehirn für die unterschiedlichen Gemütslagen verantwortlich sind. Vor allem im Stirnhirn würden in diesem Alter etliche neue Verbindungen zwischen den Nervenzellen geknüpft.

Die Folge: Jugendliche verlieren in dieser Umbauphase viel von ihrer Fähigkeit, die Gefühle ihrer Mitmenschen richtig einzuschätzen. Ungefähr ab dem elften Lebensjahr büßen die Kinder ihr Gespür für mitmenschliche Situationen geradezu „im Sturzflug" ein. Die sich daraus ergebende Unsicherheit und Verwirrung in gefühlsbeladenen Situationen sei ein Grund dafür, dass Teenager gereizt reagieren und das Leben oft als „unfair" empfinden. Nach einiger Zeit legen sich die plötzlichen Stimmungsschwankungen.

Erläuterungen:
Nervenzellen: Milliarden von ihnen sind im Gehirn unter anderem am Verhalten, an der Informationsverarbeitung, an Lernen und Gedächtnis, Willenshandlungen, Sprache und an der Entstehung von Gefühlen beteiligt. Im Durchschnitt hat jede Nervenzelle über tausend Verbindungen zu anderen Nervenzellen.
Stirnhirn: Der Bereich des Großhirns über den Augen.

3 *Stimmungsschwankungen in der Pubertät*

---

1 **Follikelreifung.** Beschreibe mithilfe von Abbildung 2 die Stadien im Verlauf der Follikelreifung.

2 **Größenvergleich von Eizellen.** Eizellen können sehr unterschiedlich in ihrer Größe sein. Begründe, warum die menschliche Eizelle und die eines Huhns unterschiedlich groß sind.

Hühner-Ei   Menschen-Ei •

3 **Pubertät – Der nervige Umbau im Gehirn.** Lies den Text in Abbildung 3. Schließe dann das Buch. Halte einen freien Kurzvortrag zum Thema „Der nervige Umbau im Gehirn".

4 **Suche Partner/Partnerin.** Gib für jede Bekanntschaftsanzeige aus Abbildung 4 an, ob sie von einem Mann oder einer Frau stammt. Begründe deine Zuordnung.

Bin 23, 174, blond, mag verrückte Ideen, schätze gute Gespräche, große und kleine Kunst, Kneipen, mitreißende Kinofilme u. Theaterstücke. Suche lebendiges, unternehmungslustiges „Gegenstück". Bin begeisterungsfähig, auch gern sportlich u. mag die Natur. Schreib trotz aller Wenn und Aber! Chiffre ...

Ich, 23, suche gefühlsbetontes, aber auch energisches „Gegenstück" zum Verlieben. Du solltest an einer echten Beziehung und an mir interessiert sein und trotzdem du selbst sein. Eher flippig als durchschnittlich, selbstbewusst und offen. Ich bin ein bisschen kompliziert, mag Musik, über alles reden und suche noch nach meinem Weg. Bild wäre toll. Chiffre ...

Ich, 22, Zwilling, suche nervenstarkes „Gegenstück", mit dem man lachen, reden, träumen und weggehen kann, das weiß, dass das Wir auch aus zwei Ichs besteht. Chiffre ...

Ich, 22/176, schlank, sportlich, attraktiv, mag die Natur, Bücher, Skifahren, Musik von Klassik bis Liedermacher, gemütliche Kneipen, Zärtlichkeit und vieles mehr. Suche passendes „Gegenstück"! Bitte Brief mit Bild. Chiffre ...

4 *Bekanntschaftsanzeigen*

6.4 Hormonelle Regulation des Menstruationszyklus

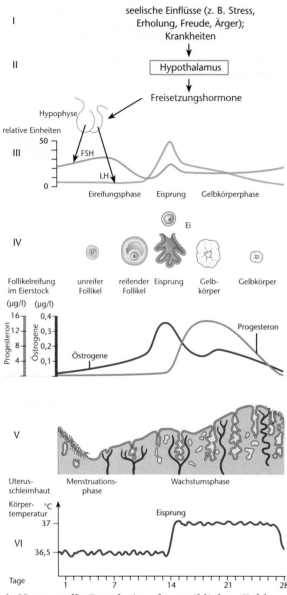

I seelische Einflüsse (z. B. Stress, Erholung, Freude, Ärger); Krankheiten

II Hypothalamus

Freisetzungshormone

Hypophyse

relative Einheiten

III FSH LH

Eireifungsphase Eisprung Gelbkörperphase

Ei

IV Follikelreifung im Eierstock unreifer Follikel reifender Follikel Eisprung Gelb- körper Gelbkörper

Progesteron Östrogene

Östrogene Progesteron

V Uterus- schleimhaut Menstruations- phase Wachstumsphase

Körper- temperatur Eisprung

VI 37 36,5

Tage 1 7 14 21 28

1 *Hormonelle Regulation des weiblichen Zyklus*

Geschlechtsreife bei einem Mädchen oder einer Frau bedeutet, dass in den Eierstöcken in durchschnittlich 28-tägiger Abfolge jeweils eine befruchtungsfähige Eizelle heranreift. Diese zyklischen Vorgänge werden durch Hormone verschiedener Hormondrüsen gesteuert. Aber auch äußere Einflüsse wie Stress oder Krankheiten haben Einfluss auf die Hormonproduktion (Abb. 1, I). Der erste Tag der Regelblutung wird als erster Tag des Zyklus gezählt.

Vom Hypothalamus, einem Teil des Zwischenhirns, wird die zeitliche Abfolge der Vorgänge vorgegeben (Abb. 1, II). Vom Hypothalamus gelangen Freisetzungshormone in die nur wenige Zentimeter entfernte Hypophyse (Hirnanhangsdrüse, Abb. 1, III). Dort beeinflussen sie die Freisetzung von Hormonen aus der Hypophyse. Das Follikel stimulierende Hormon (FSH) bewirkt, dass innerhalb der ersten 14 Tage des Zyklus eine Eizelle im Follikel heranreift (Abb. 1, IV). Für die vollständige Reifung ist das luteinisierende Hormon (LH) notwendig. Wenn es in einer bestimmten Konzentration im Blut vorliegt, platzt der reife Follikel und gibt die Eizelle frei (Abb. 1, IV). Man spricht von Eisprung oder Ovulation. Die Eizelle gelangt in den Eileiter und ist nun einige Stunden befruchtungsfähig. Aus dem Follikel entsteht der so genannte Gelbkörper.

Der heranreifende Follikel und der Gelbkörper bilden auch Hormone (Abb. 1, IV). In der ersten Hälfte des Zyklus werden zunehmend Östrogene freigesetzt, in der zweiten Hälfte zusätzlich Gestagene, vor allem Progesteron. Östrogene und Gestagene wirken auf die Schleimhaut der Gebärmutter (Abb. 1, V). Unter ihrem Einfluss wird die Gebärmutterschleimhaut nach der Menstruation um etwa sechs Millimeter dicker. Die Gebärmutterschleimhaut ist darauf vorbereitet, dass sich nach der Befruchtung der Eizelle der Embryo einnisten kann. Kommt es nicht zu einer Befruchtung, entwickelt sich der Gelbkörper zurück und stellt seine Hormonproduktion ein. In der Folge kommt es zur Menstruation. Östrogene und Gestagene haben Rückwirkungen auf Hypothalamus und Hypophyse. Östrogene hemmen die Freisetzung von FSH. Deshalb reift gewöhnlich nur eine Eizelle in einem Zyklus heran. Östrogene fördern die LH-Freisetzung, sodass es zum Eisprung kommt. Progesteron hemmt die LH-Freisetzung. Das hat zur Folge, dass sich der Gelbkörper zurückbildet.

Auch die Körpertemperatur verändert sich während des Zyklus (Abb. 1, VI). Ein bis zwei Tage nach dem Eisprung steigt die Temperatur.

92

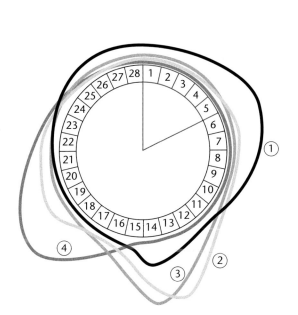

2 *Hormonelle Regulation des weiblichen Zyklus in Kreisdarstellung*

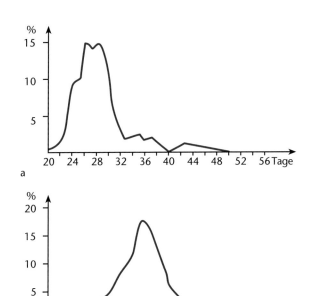

3 *Verteilung der Häufigkeit von a) Zykluslänge und b) Tag des Eisprungs bei geschlechtsreifen Frauen*

1 **Weiblicher Zyklus.** Beschreibe mithilfe der Grundwissenseite und der Abbildung 1 den Zyklus für die Tage 1, 5, 10, 15, 20, 25.

2 **Hormonelle Regulation des weiblichen Zyklus.** Ordne den verschiedenen Kurven in Abbildung 2 je ein Hormon zu. Begründe deine Zuordnungen.

3 **Häufigkeitsverteilungen.** Werte die Abbildung 3 aus. Was ist dargestellt? Welche Aussagen lassen sich der Abbildung entnehmen?

4 **Menstruationskalender mit dem Computer erstellen.** In Abbildung 4 findest du eine Vorlage für einen Menstruationskalender. Du kannst dir einen Menstruationskalender am PC erstellen.

● Ich habe meine Regelblutung stark.
○ Ich habe meine Regelblutung schwach.
☺ gute Stimmung
✺ totaler Stress

💣 Ich bin zornig, verärgert.
Ich habe was Schönes vor.
☹ schlechte Stimmung
Ich habe Schmerzen.

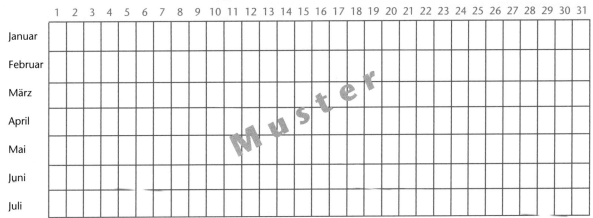

4 *So könnte ein Menstruationskalender aussehen*

6.5 Befruchtung und Einnistung

1 Bis etwa sechs Stunden nach dem Eisprung können Spermien die Eizelle befruchten. Sobald der Kopfteil eines Spermiums in die Eizelle eingedrungen ist, verändert sich die Oberfläche der Eizelle so, dass keine weiteren Spermien eindringen können. Bei der Befruchtung verschmelzen die Kerne von Eizelle und Spermium.

2 Etwa 30 Stunden nach der Befruchtung teilt sich der Embryo in zwei identische Tochterzellen. Es folgen mehrere Teilungen, aus denen jeweils kleinere, aber identische Zellen hervorgehen. Bis zum 8-Zellen-Stadium, das etwa 60 Stunden nach der Befruchtung vorliegt, könnte aus jeder Zelle ein neuer Mensch entstehen.

3 Etwa drei Tage nach der Befruchtung erreicht der Embryo die Gebärmutter. In diesem Stadium wird er als Blasenkeim bezeichnet. Es haben viele Zellteilungen stattgefunden. Einige Zellen haben eine äußere Hülle gebildet und ernähren den Embryo. An diese Hüllzellen haben sich von innen her Zellen angelegt, aus denen sich der Embryo entwickelt. Außerdem entsteht bei den Zellumlagerungen eine mit Flüssigkeit gefüllte Höhle, die zu der Bezeichnung Blasenkeim geführt hat.

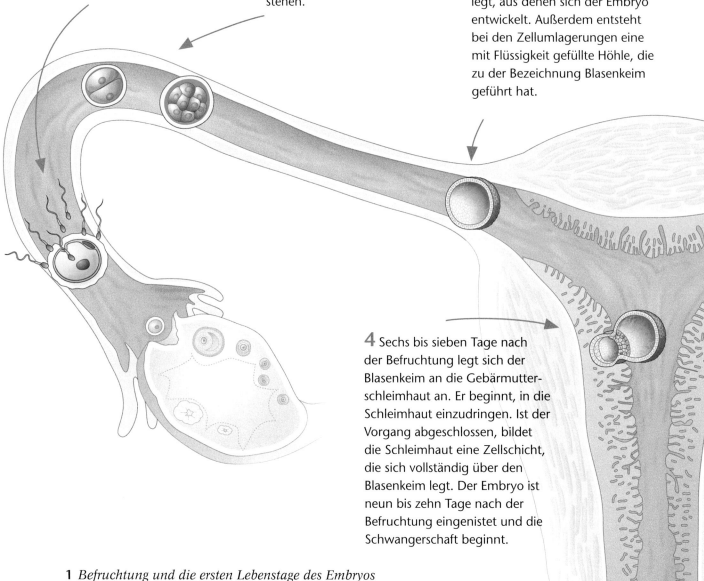

4 Sechs bis sieben Tage nach der Befruchtung legt sich der Blasenkeim an die Gebärmutterschleimhaut an. Er beginnt, in die Schleimhaut einzudringen. Ist der Vorgang abgeschlossen, bildet die Schleimhaut eine Zellschicht, die sich vollständig über den Blasenkeim legt. Der Embryo ist neun bis zehn Tage nach der Befruchtung eingenistet und die Schwangerschaft beginnt.

1 *Befruchtung und die ersten Lebenstage des Embryos*

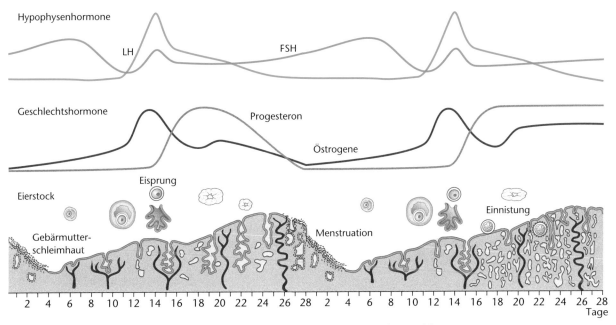

2 *Veränderungen in der Schwangerschaft im Vergleich zum normalen Zyklus*

1 Vom Eisprung zur Einnistung. Zeichne eine Zeitachse und trage darin möglichst genau den Ort und die Vorgänge ein, die in der Zeitspanne vom Eisprung bis zur Einnistung des Embryos geschehen.

2 Beispiele für Veränderungen in der Schwangerschaft. Beschreibe anhand der Abbildung 2 die Veränderungen, die mit der Einnistung des Embryos einhergehen. Vergleiche mit dem normalen Zyklusverlauf.

3 Das Schwangerschaftshormon HCG. Sobald der Embryo eingenistet ist, bilden seine Hüllzellen ein Hormon mit dem Namen humanes Choriongonadotropin, HCG. HCG bewirkt, dass der Gelbkörper erhalten bleibt und weiterhin Hormone bildet. HCG wird in den mütterlichen Blutkreislauf abgegeben. Ein wenig gelangt auch in den Urin der Mutter. Später in der Schwangerschaft bildet die Plazenta selbst Progesteron und Östrogene.

a) Begründe, warum der Nachweis von HCG im Urin als Schwangerschafts-Nachweis dient.

b) Erkläre, welche Bedeutung die hohen Progesteron- und Östrogengehalte während der Schwangerschaft haben.

c) Begründe, warum während einer Schwangerschaft keine weiteren Eizellen heranreifen.

4 Zwillinge. Beschreibe anhand der Abbildung 3 die Entstehung eineiiger und zweieiiger Zwillinge.

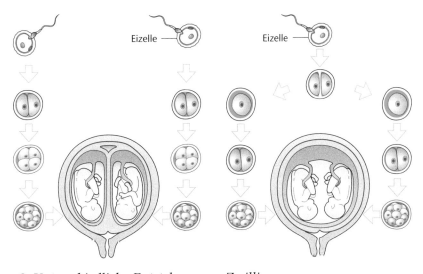

3 *Unterschiedliche Entstehung von Zwillingen*

95

6.6   Hormonelle Empfängnisverhütung

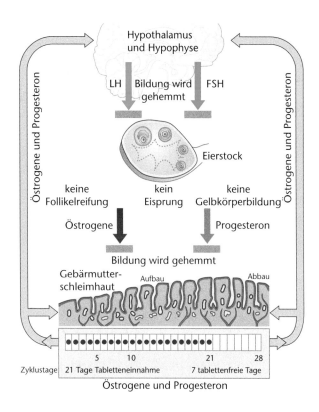

1 *Die Wirkung der Pille*

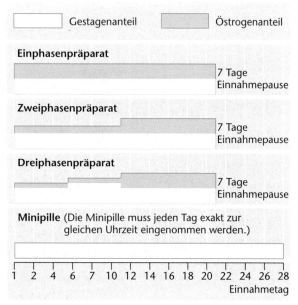

2 *Hormonelle Zusammensetzung verschiedener Pillentypen*

Der wirksamste Schutz vor einer ungewollten Schwangerschaft ist die hormonelle Empfängnisverhütung. Sie erfolgt durch die Einnahme der „Pille". Unter dem Begriff „Pille" werden Medikamente zusammengefasst, die künstlich hergestellte weibliche Geschlechtshormone enthalten. Sie werden auch als **Kontrazeptiva** bezeichnet. Diese Medikamente greifen ihrer hormonellen Zusammensetzung entsprechend auf unterschiedliche Weise in den weiblichen Zyklus ein. Sie haben das Ziel, entweder den Eisprung (Ovulationshemmer), das Aufsteigen der Spermien („Minipille") oder das Einnisten des Blasenkeims in die Gebärmutterschleimhaut zu verhindern („Pille danach").

Von den hormonellen Verhütungsmitteln werden diejenigen am häufigsten eingenommen, die den Eisprung verhindern. Sie enthalten eine gleich bleibende Menge an Östrogenen und bestimmte Mengen an Gestagenen während der gesamten Einnahmedauer von 21 Tagen (Abb. 1). Danach folgen sieben einnahmefreie Tage oder sieben Tabletten ohne Wirkstoffe. Die Hormone in diesen Präparaten wirken auf den Hypothalamus und infolge davon auch auf die Hypophyse. Sie bewirken, dass die Ausschüttung des Follikel stimulierenden Hormons (FSH) und des luteinisierenden Hormons (LH) stark heruntergesetzt wird. Durch die zu geringen Mengen FSH wird einerseits die Follikelreifung gestört, andererseits wird die körpereigene Östrogenproduktion stark verringert. Zu wenig LH im Blut verhindert den Eisprung (Abb. 1).

Anstelle der körpereigenen Östrogene bewirken nun die künstlich zugeführten Östrogene und Gestagene den Aufbau der Gebärmutterschleimhaut. Die Hormone sind so dosiert, dass der Aufbauvorgang beendet und die neu gebildete Schleimhaut abgestoßen wird. So entsteht auch unter der Einnahme dieser Hormonpräparate eine Blutung. Sie ist meistens schwächer als eine normale Regelblutung.

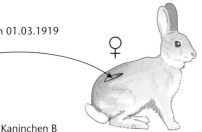

Transplantation am 01.03.1919

Kaninchen A
trächtig
gedeckt am 06.02.1919

Kaninchen B
gedeckt am 11.03.1919 (2-mal)
          29.03.   (4-mal)
          19.04.   (2-mal)
          09.05.   (1-mal)
          11.05.   (1-mal)
          19.05.   (3-mal)
          24.05.   (3-mal)
          22.06.   Kaninchen B
                      wirft drei Junge

1 „Pillen".

a) Beschreibe anhand der Abbildung 1 die Wirkungsweise der „Pille".

b) Vergleiche die verschiedenen Pillentypen (Abb. 2).

2 **Geschichte der hormonalen Empfängnisverhütung.** Es war schon um 1900 bekannt, dass der Eierstock Hormone abgibt. Um genauere Erkenntnisse zu gewinnen, führte der Wissenschaftler HABERLANDT in den Jahren 1919 bis 1921 verschiedene Versuche an Kaninchen durch. Bei Kaninchen erfolgt der Eisprung etwa zehn Stunden nach der Begattung. Die Tragzeit dauert ca. 28 bis 30 Tage. Ein Versuch, der an mehreren Tieren durchgeführt wurde, begann damit, dass bei einem geschlechtsreifen Kaninchen B, das schon einmal Junge geworfen hatte, die Rückenhaut aufgeschnitten wurde (Abb. 3). Dann setzte man die Eierstöcke eines trächtigen Kaninchens A unter die Hautstelle und vernähte die Wunde. Nach dieser Eierstocktransplantation wurde Kaninchen B isoliert gehalten und anschließend mehrfach gedeckt.

a) Wann hätte Kaninchen B nach Versuchsbeginn erstmalig Junge werfen können? Wann ist bei Kaninchen B eine Befruchtung erfolgt? Über wie viele Wochen ist keine Befruchtung erfolgt?

b) Was kannst du aus dem Versuchsergebnis schließen?

3 *Kaninchen im Transplantationsversuch*

Zusammensetzung
Arzneilich wirksame Bestandteile
1 Dragee enthält 0,1 mg Levonorgestrel und 0,02 mg Ethinylestradiol

Anwendungsgebiete
Hormonale Empfängnisverhütung

Gegenanzeigen
Sie dürfen die Pille nicht anwenden bei:
– Schwangerschaft
– Lebererkrankungen
– Gefäß- und Stoffwechselerkrankungen
– Raucherinnen.

Vorsichtsmaßnahmen für die Anwendung und Nebenwirkungen
Vor Beginn der Anwendung hormonaler Empfängnisverhütungsmittel soll eine gründliche allgemeine sowie gynäkologische Untersuchung durchgeführt werden.
Bei Raucherinnen, die hormonhaltige Arzneimittel zur Schwangerschaftsverhütung anwenden, besteht ein erhöhtes

Risiko, an zum Teil schwerwiegenden Folgen von Gefäßveränderungen (z. B. Herzinfarkt, Schlaganfall) zu erkranken. Das Risiko nimmt mit zunehmendem Alter und steigendem Zigarettenkonsum zu.

Wodurch kann die empfängnisverhütende Wirkung herabgesetzt werden?
Einnahmefehler, Erbrechen oder Darmkrankheiten mit Durchfall, die gleichzeitige längere Einnahme bestimmter Medikamente sowie sehr seltene individuelle Stoffwechselstörungen können die schwangerschaftsverhindernde Wirkung beeinträchtigen.

Eigenschaften
Die Hormonpille bietet bei vorschriftsgemäßer Anwendung auf mehrfache Weise Schutz vor einer Schwangerschaft. Ein befruchtungsfähiges Ei kann im Allgemeinen nicht heranreifen; der Schleim im Gebärmutterhals verändert sich, sodass der männliche Samen nicht weit genug vordringen kann.

4 *Beipackzettelausschnitt einer Hormonpille*

3 **Auszug aus einem Beipackzettel (Abb. 4).** Erläuterung: Levonorgestrel ist ein Gestagen, Ethinylestradiol ein Östrogen.

a) Erkläre, woran du erkennst, um welche Art von Kontrazeptivum es sich handelt.

b) Fasse zusammen, welche Probleme bei der Einnahme von hormonellen Verhütungsmitteln auftreten können und welche Maßnahmen der Hersteller jeweils empfiehlt.

Methode/Mittel	Anwendung	Wirkung	Pearl-Index	Hinweise
Pille	Hormontabletten zur täglichen Einnahme	verhindert Reifung des Eies bzw. dessen Einnistung	0,03–0,1	verschreibungspflichtiges Medikament; regelmäßige Kontrolle durch Frauenarzt/-ärztin; verschiedene Nebenwirkungen möglich
Kondom	dünner Gummischutz, der über den steifen Penis gezogen wird	verhindert das Eindringen der Spermien in die Scheide	2–7	unkompliziert in der Anwendung; jederzeit verfügbar; preisgünstig erhältlich in Apotheken und Drogeriemärkten; Schutz vor Geschlechtskrankheiten
chemische Verhütungsmittel	Creme, Gel, Zäpfchen werden etwa 15 Min. vor dem Geschlechtsverkehr in die Scheide eingeführt	tötet in einem Zeitraum von einer Stunde Spermien ab, bildet Sperre vor Gebärmuttermund	5–20	erhältlich in Apotheken und Drogeriemärkten; als alleinige Methode nicht zu empfehlen
Temperaturmessung	Messen und Aufschreiben der morgendlichen Temperatur; Temperaturanstieg nach dem Eisprung um etwa 0,4 °C	sexuelle Enthaltsamkeit um den Zeitraum des Eisprungs	1–10	Erfahrung und sorgfältige Durchführung sind notwendig; falsche Ergebnisse, wenn der Temperaturanstieg aus anderen Gründen erfolgt

1 *Ausgewählte Verhütungsmittel und -methoden im Vergleich*

Verliebtsein ist ein starker Gefühlszustand, der die ganze Person erfasst. Die verliebte Person wünscht sich sehnlichst, dass ihre Gefühle erwidert werden. Die innige Beziehung zwischen zwei Menschen kann Bestand haben, wenn die beiden Achtung und Vertrauen zueinander entwickeln und Verständnis für Wünsche und Bedürfnisse des anderen haben. Wichtig für eine dauerhafte Partnerschaft ist, dass Probleme offen und ehrlich angesprochen werden. Bei Streit bleiben die Partner fair zu einander, verletzen und erniedrigen sich nicht. Eine dauerhafte Bindung wird auch durch einen verantwortlichen Umgang mit Sexualität gestärkt.

Obwohl die meisten Menschen viele Jahrzehnte Sexualität erleben, besteht der Wunsch, ein Kind zu zeugen, häufig nur in einem bestimmten Zeitraum. Daher ist die **Empfängnisverhütung** ein ganz wesentlicher Aspekt des verantwortlichen Umgangs mit Sexualität. Informationen zur Verhütung oder Beratungen geben Frauenärzte und -ärztinnen in ihrer Praxis und in Beratungsstellen. Die

Gespräche unterliegen der Schweigepflicht. Untersuchung und Beratung werden von der Krankenkasse bezahlt, ebenso für Jugendliche verschiedene Verhütungsmittel. Die Entscheidung, welches Verhütungsmittel angewendet wird, sollten sich beide Partner genau überlegen. Das gewählte Verhütungsmittel muss entsprechend den Anweisungen des Herstellers eingesetzt werden. Ein Maß für die Zuverlässigkeit einer Verhütungsmethode ist der Pearl-Index (Abb. 1). Der Pearl-Index gibt die ungewollten Schwangerschaften pro 1200 Anwendungsmonate an.

Wenn ein Verhütungsmittel nicht richtig angewendet wurde oder wenn es zu einem ungeschützten Geschlechtsverkehr gekommen ist, kann in Notfällen der Arzt die „Pille danach" verschreiben. Dieses Hormonpräparat löst eine Blutung aus und verhindert so die Einnistung des Embryos hat jedoch viel Nebenwirkungen. Trotz dieser vielen Möglichkeiten, eine Empfängnis zu verhüten, wurden in Deutschland im Durchschnitt der Jahre 2000 bis 2005 jährlich 133 000 Embryonen abgetrieben, das sind 15 % aller entstandenen Schwangerschaften.

Zum verantwortlichen Umgang mit Sexualität gehört auch der Schutz vor der Übertragung von krankmachenden Viren und Bakterien. Aids wird durch das HI-Virus hervorgerufen, das bei infizierten Menschen in Körperflüssigkeiten wie im Sperma und in der Scheidenflüssigkeit vorkommt. Bestimmte Bakterien verursachen Erkrankungen wie Tripper und Syphilis. Diese Bakterien werden beim Geschlechtsverkehr übertragen. Um bleibende Schäden zu verhindern, muss eine Erkrankung so früh wie möglich medikamentös behandelt werden. Wird beim Geschlechtsverkehr ein Kondom benutzt, ist die Gefahr einer Ansteckung stark verringert.

Wenn eine Frau ungewollt schwanger geworden ist, beginnt oft ein schwieriger Entscheidungsprozess. Dabei spielt in vielen Fällen die Frage eine wichtige Rolle, ob die Schwangerschaft fortgesetzt wird. Das Ungeborene hat ein eigenes Recht auf Leben. Beim **Schwangerschaftsabbruch** entfernt ein Arzt oder eine Ärztin den Embryo aus der Gebärmutter. Jeder Schwangerschaftsabbruch ist problematisch. In Deutschland ist der Schwangerschaftsabbruch unter ganz bestimmten Bedingungen straffrei. Die rechtlichen Regelungen und Fristen sind im Paragraphen 218a des Strafgesetzbuches niedergeschrieben.

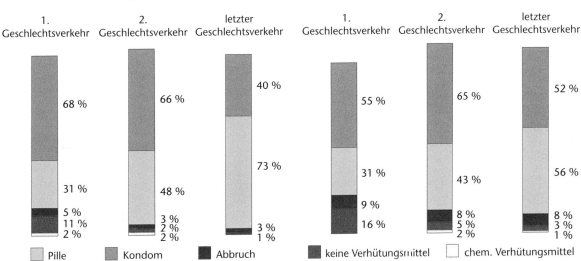

2 *Verhütungsverhalten von Jugendlichen*

Informationen mithilfe des Internets beschaffen

Durch das Internet steht die größte Bibliothek zur Verfügung, die man sich vorstellen kann. Mithilfe von Suchprogrammen – man nennt sie auch Suchmaschinen – wie „Google", „lycos", „fireball", „yahoo" und kannst du dir über ein Suchwort Internetseiten anzeigen lassen.

Gehe wie folgt vor (hier am Beispiel Google) (Abb. 1):

1 Gib in das Adressfeld die Adresse www.google.de ein.

2 Dort, wo der Cursor blinkt, gib ein Stichwort oder mehrere Stichwörter ein.

3 Beschränke die Suche auf „Seiten auf Deutsch".

4 Klicke den Button „Google Suche" an. Das Internet wird dann nach Einträgen durchsucht, in denen dein Stichwort vorkommt.

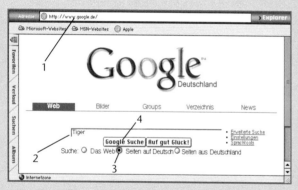

1 *Stichwortsuche*

Um dich zum Beispiel über Verhütungsmethoden zu informieren, gibst du diesen Begriff als Stichwort ein. Das Wichtigste bei der Suche sind die richtigen Stichwörter, um brauchbare beziehungsweise überschaubare Suchergebnisse zu bekommen.

Aus den Suchergebnissen kannst du dir jetzt interessante Internetseiten auswählen, indem du auf den jeweiligen Link klickst. Eine gute Informationsquelle ist unter anderem www.loveline.de der Bundeszentrale für gesundheitliche Aufklärung (BzgA, www.bzgA.de) (Abb. 2).

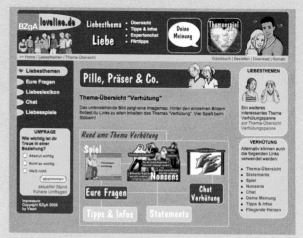

2 *Internet-Seite der Bundeszentrale für gesundheitliche Aufklärung*

Möchtest du einen Text, den du auf einer Internetseite gefunden hast, in deine Aufzeichnungen in einer Textdatei einfügen, dann gehe folgendermaßen vor: Markiere den Textabschnitt. Starte das Kontextmenü (rechte Maustaste) und wähle „Kopieren" aus. Nun wechsele zu deinen Aufzeichnungen in Word und füge den Text an die passende Stelle durch das Menü „Bearbeiten" und dann „Einfügen" ein.

Möchtest du den Text nur ausdrucken, so markiere den Text und wähle aus dem Menü „Datei" den Befehl „Drucken". In dem Druckfenster wähle im Bereich „Seitenbereich" die Option „Markierung".

Es ist sinnvoll, interessante Internet-Adressen zu speichern. Diese gespeicherten Adressen nennt man Favoriten. Bei einigen Browsern heißen sie auch Lesezeichen. Durch das Hinzufügen der Adressen zu den Favoriten brauchst du beim nächsten Aufruf nicht wieder über eine Suchmaschine zu suchen oder lange Adressen einzugeben.

3 *Favoriten mit angelegten Ordnern*

4 *Ordnungssystem der Favoriten mit Unterordnern*

So trägst du Adressen als Favoriten ein:

1 Rufe den Menüpunkt „Favoriten" auf. Die Liste der bereits gespeicherten Internetseiten wird sichtbar.

2 Wähle den Menüpunkt „Zu den Favoriten hinzufügen".

3 Klicke anschließend OK an. Die Internetadresse wird in die Liste der Adressen eingetragen.

In den Favoriten kannst du auch ein Ordungssystem aus Ordnern aufbauen, mit dessen Hilfe du Adressen schneller wiederfindest. Du kannst beispielsweise die Ordner Sport, Mathematik,

Englisch und Biologie anlegen (Abb. 3), indem du nach „Zu Favoriten hinzufügen" über „Erstellen in" neue Ordner anglegst und sie benennst. Jedem Ordner kann man noch Unterordner zuordnen (Abb. 4). Der Ordner Biologie könnte folgende Unterordner beinhalten:

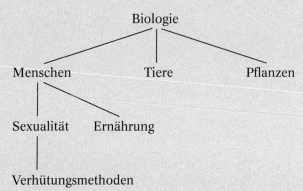

Um Bilder aus dem Internet zu ziehen, kann man bei Google nach Eingabe des Stichwortes auf die Rubrik „Bilder" klicken (Abb. 5).

Suche per Mausklick aus der Auswahl das gewünschte Bild heraus. Im Kontextmenü (rechte Maustaste) kann man das Bild in einem eigenen Ordner speichern (Menüpunkt „Bild speichern unter") oder man kopiert das Bild direkt in den Text an die passende Stelle (Menüpunkt „kopieren" und in Worddatei „Bearbeiten" und „Einfügen").

5 *Bildersuche*

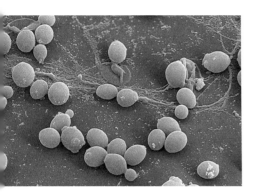

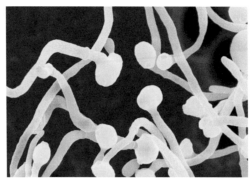

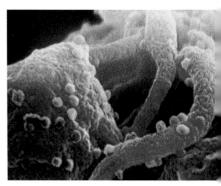

1 *Neisseria-Bakterien, Erreger der Gonorrhö (0,001 Millimeter Durchmesser)*

2 *Rundlich-ovale Zellen des Pilzes Candida albicans (0,004 bis 0,008 Millimeter Durchmesser) mit fadenförmigen Auswüchsen*

3 *HI-Viren (0,0001 Millimeter Durchmesser) auf der Oberfläche einer Weißen Blutzelle*

Krankheiten, die von Mensch zu Mensch übertragen werden, nennt man **Infektionskrankheiten.** Manche Erreger von Infektionskrankheiten werden hauptsächlich durch Geschlechtsverkehr oder sehr engen körperlichen Kontakt von einem Menschen zum anderen Menschen übertragen. Solche Krankheiten werden als **sexuell übertragbare Krankheiten** bezeichnet. Zu den Erregern sexuell übertragbarer Krankheiten gehören Bakterien, Pilze und Viren.

Eine der weltweit häufigsten sexuell übertragbaren Krankheiten ist die **Gonorrhö,** auch Tripper genannt. Sie ist besonders in Ländern mit schlechter Gesundheitsversorgung häufig. Man schätzt, dass sich jährlich weltweit etwa 60 Millionen Menschen neu infizieren. Erreger ist ein kugelförmiges Bakterium (Abb. 1). Gonorrhö verursacht vor allem Beschwerden im Bereich der Geschlechtsorgane. Betroffene müssen mit Antibiotika behandelt werden. Das sind Medikamente, die Bakterien abtöten. Seit der Entdeckung der Antibiotika in der ersten Hälfte des vergangenen Jahrhunderts ist die Zahl der Gonorrhö-Infizierten in den Industrieländern erheblich gesunken. In Deutschland schätzt man etwa 30 000 Neuinfektionen im Jahr. Fachleute beobachten einen Anstieg der Häufigkeit vor allem in Großstädten. Das Infektionsrisiko steigt mit der Anzahl wechseln-

der Sexualpartner. Die Nutzung eines Kondoms beim Geschlechtsverkehr mindert das Infektionsrisiko.

Die verschiedenen sexuell übertragbaren Krankheiten beeinträchtigen die Gesundheit in unterschiedlichem Maße. Einige dieser Erreger sind lebensbedrohlich, andere bringen nur unangenehme Begleiterscheinungen wie Juckreiz und Entzündungen mit sich.

Weit verbreitet sind **Pilzinfektionen** durch den Pilz Candida albicans (Abb. 2). Bei vielen gesunden Menschen ist der Pilz auch auf der Haut, den Schleimhäuten und im Darm vorhanden. In der Regel ruft das keine Beschwerden hervor. Der Pilz gehört zu den Erregern, die nur unter ganz bestimmten Bedingungen eine Erkrankung auslösen. Dann vermehrt sich der Pilz sehr stark und es kann zu einer Entzündung kommen. Am häufigsten sind die Entzündung von Eichel und Vorhaut sowie der Scheide. Die Entzündung geht mit Rötung, Juckreiz, Brennen und weißlichem Ausfluss einher. Jegliche Schwächung des Immunsystems, die Einnahme von bestimmten Medikamenten sowie die Einnahme der Antibaby-Pille können die Vermehrung des Pilzes begünstigen. Entzündungen durch Candida albicans werden mit Medikamenten behandelt, die die Pilzvermehrung hemmen.

Der Pilz ist nicht nur durch Geschlechtsverkehr übertragbar, sondern auch durch Gegenstände, zum Beispiel Handtücher.

Zu den sehr gefährlichen sexuell übertragbaren Erregern gehört das **HI-Virus,** abgekürzt HIV (Abb. 3). Die Abkürzung steht für Humanes-Immunschwäche-Virus. Bei HIV infizierten Personen kommen die Viren in allen Körperflüssigkeiten vor. Für eine Infektion mit HI-Viren sind vor allem Blut sowie Spermaflüssigkeit und Scheidenflüssigkeit als Körperflüssigkeiten von Bedeutung. HI-Viren schwächen in einem oft viele Jahre dauernden Prozess das Immunsystem eines Menschen in einer lebensbedrohlichen Weise. Die Krankheit, die von HI-Viren hervorgerufen wird, bezeichnet man abgekürzt mit **AIDS** (englisch: „Acquired-Immune-Deficieny-Syndrom", zu deutsch „Erworbene Immunschwäche-Krankheit"). Im Mai 2006 waren etwa 40 Millionen Menschen weltweit mit HIV infiziert.

Eine HIV-infizierte Person muss nicht an AIDS erkrankt sein, denn bei AIDS können zwischen der Ansteckung mit den Viren und den ersten Krankheitsanzeichen Monate oder Jahre vergehen. Eine infizierte, noch gesunde Person kann andere anstecken, zum Beispiel durch Geschlechtsverkehr. HI-Viren werden übertragen, wenn eine Körperflüssigkeit, die eine genügend große Anzahl Viren enthält, in den Körper eines anderen Menschen gelangt.

Beim Geschlechtsverkehr können Viren durch kleinste, nicht spürbare Verletzungen der Schleimhaut von einem Menschen zum anderen gelangen. Durch die Benutzung von Kondomen beim Geschlechtsverkehr kann das Risiko einer Infektion mit HI-Viren stark vermindert werden. Drogenabhängige benutzen manchmal Spritzen, mit denen sie die Droge in das Blut injizieren. Blutverunreinigte, von mehreren Personen benutzte Spritzen sind eine Gefahr für die Ansteckung mit HI-Viren. Von ganz alltäglichen zwischenmenschlichen Kontakten wie Händedruck, Umarmen, Anhusten, Anniesen, Benutzen des gleichen Essbestecks, Benutzen von Toiletten, Bädern oder Saunen geht keine Ansteckungsgefahr aus. Das gilt auch für die Zusammenarbeit und das Zusammenwohnen mit HIV-Infizierten und AIDS-erkrankten Menschen.

Das Risiko einer Infektion mit sexuell übertragbaren Erregern steigt durch häufig wechselnde Sexualpartner, mit denen ungeschützter Geschlechtsverkehr, das heißt Geschlechtsverkehr ohne Kondome, stattfindet. Außerdem tragen mangelnde Aufklärung, schlechte Hygiene und Gesundheitsfürsorge sowie Prostitution zur Ausbreitung von Geschlechtskrankheiten in einem Land bei. Aus Verantwortung für sich und den Partner ist es wichtig, auf sich aufzupassen und fürsorglich miteinander umzugehen. Treue zum Partner sowie die Benutzung von Kondomen mindern das Risiko einer Ansteckung.

Menschen mit einer HIV-Infektion:	70 000
– davon 57 000 Männer, 13 000 Frauen, 200 Kinder	
HIV-infizierte Menschen haben sich folgendermaßen angesteckt:	
– Männer, die Sex mit Männern hatten	42 000
– Personen, die sich über verschiedengeschlechtliche Kontakte infizierten	10 000
– Personen, die aus Herkunftsländern mit hoher Verbreitung von HIV kamen und sich bereits in den Herkunftsländern infizierten	7 300
– Drogenabhängige, die Drogen spritzen	10 000
– Kinder, die sich durch ihre Mutter vor, während oder nach ihrer Geburt mit HIV infizierten	430
Zahl der HIV-Neuinfektionen in Deutschland 2010:	3 000
davon 2 700 Männer, 300 Frauen	

4 *AIDS in Deutschland 2010*

6.9 Liebe, Partnerschaft, Familienplanung

Liebe zwischen zwei Menschen kann Bestand haben, wenn die beiden Achtung und Vertrauen zueinander entwickeln und Verständnis für Wünsche und Bedürfnisse des anderen haben. Wichtig für eine dauerhafte Partnerschaft ist, dass Probleme offen und ehrlich angesprochen und nicht unter den Tisch gekehrt werden. Bei Streit bleiben die Partner fair zueinander, verletzen und erniedrigen sich nicht (Abb. 1).

In einer Partnerschaft versucht jeder der beiden, sich über seine eigenen Gefühle klar zu werden und diese auch mitzuteilen. Dann können beide einander besser verstehen. Der Wunsch nach einer dauerhaften Partnerschaft ist sehr ausgeprägt. Die meisten Männer und Frauen wollen in ihrem Leben heiraten und eine Familie gründen. Ehe und Familie werden durch das Grundgesetz geschützt. Im Artikel 6, Absatz 1 des Grundgesetzes für die Bundesrepublik Deutschland heißt es: „Ehe und Familie stehen unter dem besonderen Schutz der staatlichen Ordnung".

Die meisten Frauen und Männer fühlen sich in ihren Gefühlen, ihrer Liebe und ihrer sexuellen Ausrichtung zu einem Partner hingezogen, der dem jeweils anderen Geschlecht angehört. Man spricht von Heterosexualität. Bei Homosexualität werden Zuneigung, Liebe und sexuelles Begehren gegenüber einem Partner des gleichen Geschlechts empfunden. Heterosexualität und Homosexualität sind Formen der **sexuellen Orientierung** von Menschen.

Eine dauerhafte Bindung wird durch Zärtlichkeiten und Sexualität gestärkt. In einer Partnerschaft übernehmen beide Verantwortung für sich selbst und füreinander. Zur Verantwortung in einer heterosexuellen Partnerschaft gehört auch, dass man bedenkt, dass Geschlechtsverkehr zu einer Schwangerschaft führen kann.

Viele persönliche Überlegungen und Gedanken spielen bei der **Familienplanung** eines Paares

„Du sollst die Gefühle eines Menschen nicht rücksichtslos ausnutzen und ihn nicht mutwillig enttäuschenden Erfahrungen aussetzen"

(A. Comfort)

1 *Ein Zitat*

eine Rolle. Unter Familienplanung versteht man alle Maßnahmen eines Paares, die Anzahl der Kinder und die Geburt nach persönlichen Gesichtspunkten zu planen. Man spricht von **Empfängnisregelung,** wenn die beiden Partner bewusst darauf Einfluss nehmen, eine Schwangerschaft herbeizuführen oder zu verhindern. Heute gibt es eine Reihe von Mitteln und Methoden, eine Schwangerschaft zu verhindern. Man fasst sie unter dem Begriff **Empfängnisverhütung** zusammen. Empfängnisverhütung trägt dazu bei, Sexualität und Fortpflanzung zu trennen: Die Partner können sexuell zusammen sein, ohne ein Kind zu zeugen.

Kinder zu bekommen ist heute in Deutschland nicht mehr selbstverständlich. Das zeigt sich unter anderem darin, dass Deutschland zu den Ländern mit einer sehr niedrigen Geburtenrate gehört. Bevölkerungswissenschaftler prognostizieren, dass die Geburtenrate auch zukünftig niedrig sein wird. Seit den 50er Jahren des vergangenen Jahrhunderts hat es in den meisten europäischen Industrieländern einen Wandel gegeben. Der Wunsch nach Ungebundenheit, beruflicher Entwicklung und wirtschaftlicher Sicherheit haben einen hohen Stellenwert bekommen. Dadurch wird bei vielen Paaren die Geburt des ersten Kindes hinausgezögert. Häufig wünscht sich ein Paar auch nur ein Kind. Deutliche Folgen der geringen Geburtenrate in Deutschland sind im Altersaufbau der Bevölkerung zu erkennen. Trotz dieser Entwicklung steht der Wunsch nach einer eigenen Familie bei den meisten Menschen nach wie vor ganz oben in der persönlichen Lebensplanung.

104

1 **Paare in verschiedenen Lebensabschnitten.** Abbildung 2 zeigt Paare in verschiedenen Lebensabschnitten. Erörtere Antworten auf folgende Fragen:
– Was ist den Partnern des jeweiligen Paares vermutlich besonders wichtig?
– Was sind vermutlich besonders schöne Erlebnisse im Leben der einzelnen Paare?
– Welche Verantwortung haben die Partner füreinander?
– Welche Probleme könnten die einzelnen Paare haben?

2 **Ausnutzen von Gefühlen.** Beschreibe unter Bezug auf das Zitat in Abbildung 1 Beispiele für das Ausnutzen von Gefühlen.

3 **Familienplanung.** Erörtere die Bedeutung der in Abbildung 4 gestellten Fragen für die Familienplanung eines Paares.

2 *Paare in verschiedenen Lebensabschnitten*

4 **Prognose der Bevölkerungsentwicklung in Deutschland.**
a) Beschreibe anhand der Abbildung 3 die wesentlichen Trends der Prognose der Bevölkerungsentwicklung. Erörtere mögliche Ursachen für diese Trends.
b) Beschreibe anhand der Abbildung 3 die prognostizierte Situation, wenn du 40 Jahre alt bist.

c) Diskutiere mögliche Folgen, die sich aus den Trends für den Einzelnen und die Gesellschaft ergeben.

Wollen wir ein Kind?

Wollen wir gemeinsam die Verantwortung übernehmen, in guten wie in schlechten Zeiten?

Wenn wir ein Kind haben, was heißt das für unser zukünftiges Leben und unsere Partnerschaft?

Wann ist der richtige Zeitpunkt, um unseren Wunsch zu erfüllen?

Welche Möglichkeiten zur Empfängnisregelung und Empfängnisverhütung wollen wir nutzen?

Welche Bedeutung hat ein Kind für deine und meine berufliche Entwicklung?

Wie lassen sich Betreuung des Kindes und Beruf vereinbaren?

Ist unsere Wohnung geeignet, wenn wir zu Dritt sind?

...

Bevölkerung in Millionen

— 60 Jahre u. älter
— 40 – 59 Jahre
— 20 – 39 Jahre
— unter 20 Jahre

3 *Prognose der Bevölkerungsentwicklung in Deutschland nach Altersklassen*

4 *Mögliche Fragen eines Paares bei der Familienplanung*

Zusammenfassung: Biologische Prinzipien zum Thema „Sexualität"

Die nachfolgenden Sachverhalte stammen aus dem Kapitel „Sexualität". Die biologischen Prinzipien sind in diesem Buch auf der Methodenseite „Arbeiten mit biologischen Prinzipien" erläutert.

1 Aufgabe: Ordne jedem der nachfolgenden Sachverhalte ein biologisches Prinzip oder mehrere biologische Prinzipien zu. Begründe die von dir gewählte Zuordnung.
Biologische Prinzipien:
– Struktur und Funktion
– Energieumwandlung
– Zelluläre Organisation
– Reproduktion
– Information und Kommunikation

1. Mit Pubertät bezeichnet man einen Entwicklungszeitraum von ungefähr vier bis sechs Jahren, in dem aus einem Mädchen eine junge Frau und aus einem Jungen ein junger Mann wird. Meistens beginnt die Pubertät zwischen dem neunten und vierzehnten Lebensjahr. Die Pubertät ist eine Zeit allmählicher seelischer und körperlicher Veränderungen. Im Verlauf der Pubertät werden Jungen und Mädchen geschlechtsreif.

2. Verschiedene Organe wie Gehirn, Eierstöcke und Gebärmutter sowie verschiedene Hormone wirken bei der Regelung des Menstruationszyklus zusammen. Hormone sind Botenstoffe, die in Hormondrüsen gebildet und mit dem Blut transportiert werden.

3. Bei der Menstruation löst sich die zuvor einige Millimeter dicker gewordene, gut durchblutete Schleimhaut der Gebärmutter ab und gelangt zusammen mit blutiger Flüssigkeit durch die Scheide nach außen. Die Menstruation dauert etwa drei bis sechs Tage. Sie wiederholt sich in einem mehr oder weniger regelmäßigem Abstand von 28 Tagen und wird daher auch als Regel, Periode oder Monatsblutung bezeichnet.

4. Im Hoden eines geschlechtsreifen jungen Mannes werden fortwährend männliche Geschlechtszellen, die Spermazellen, gebildet. In den Eierstöcken einer jungen, geschlechtsreifen Frau reift in regelmäßigen Zeitabständen von durchschnittlich 28 Tagen eine weibliche Geschlechtszelle, die Eizelle, heran.

5. Man spricht von Eisprung wenn eine reife Eizelle aus dem Eierstock in den Eileiter gelangt. Im Eileiter wird die Eizelle in Richtung Gebärmutter transportiert. Wird sie nicht befruchtet, stirbt sie ab. Bei der Befruchtung verschmelzen die Zellkerne von Eizelle und Spermazelle. Die Befruchtung ist der Beginn eines neuen Menschen. Der Embryo nistet sich in die Gebärmutterschleimhaut ein und wächst dort heran. Mit der Einnistung beginnt die Schwangerschaft.

6. Liebe zwischen zwei Menschen kann Bestand haben, wenn beide Achtung und Vertrauen zueinander entwickeln und sich verständnisvoll und ehrlich verständigen. Bei der Empfängnisregelung nehmen beide Partner bewusst darauf Einfluss, eine Schwangerschaft herbeizuführen oder zu verhindern. Heute gibt es eine Reihe von Mitteln und Methoden, eine Schwangerschaft zu verhindern. Man fasst sie unter dem Begriff Empfängnisverhütung zusammen. Dazu gehört auch die hormonelle Empfängnisverhütung durch die „Pille".

7. Die Pille enthält künstlich hergestellte weibliche Geschlechtshormone. Von den hormonellen Empfängnisverhütungsmitteln werden diejenigen am häufigsten eingenommen, die bei sachgemäßer Anwendung den Eisprung verhindern. Die sachgemäße Verwendung eines Kondoms sorgt dafür, dass keine Spermazellen in die Scheide gelangen und daher keine Befruchtung stattfinden kann.

Sexualerziehung

Drei Jahre dauerte es, bis sich die Pest im
14. Jahrhundert von Sizilien nach Norwegen
ausgebreitet hatte. Heute reisen Erreger
mit dem Flugzeug binnen Stunden um die
ganze Welt.

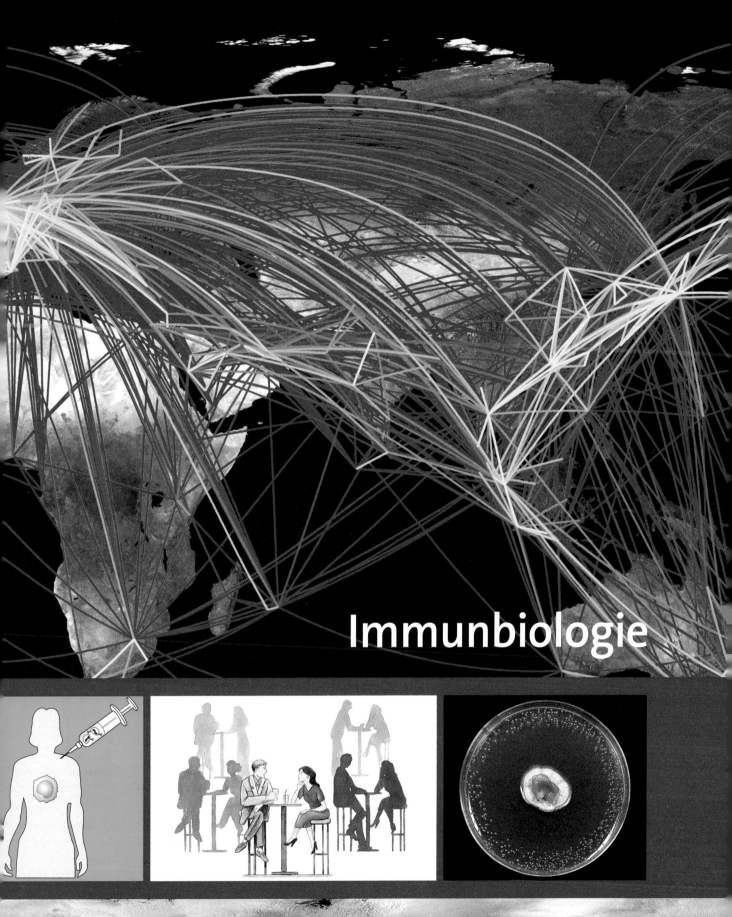

Immunbiologie

7 Infektionskrankheiten und Immunsystem

7.1 Bakterien

1 *Bakterienkolonie in verschiedenen Vergrößerungen*

2 *Bau eines Bakteriums*

Bakterien sind einzellige Lebewesen ohne Zellkern. Die Erbinformation liegt als ringförmiges Chromosom im Zellplasma vor. Die einfach gebaute Zelle wird von einer Membran umschlossen (Abb. 2). Nach außen schließt sich eine Zellwand an, die jedoch anders aufgebaut ist als die Zellwand der Pflanzen. Manche Bakterien sind zusätzlich von einer klebrigen Schleimschicht umgeben, die man Kapsel nennt. Nach ihrer Form unterscheidet man stäbchenförmige Bakterien (Bazillen), kugelförmige (Kokken) und spiralig geformte Bakterien (Spirillen, Spirochäten). Viele Bakterienarten können sich mithilfe von Geißeln oder Wimpern fortbewegen. Alle Bakterien benötigen zum Leben eine feuchte Umgebung. Bakterien vermehren sich ungeschlechtlich durch Teilung. Unter günstigen Bedingungen kann eine Teilung alle 20 bis 30 Minuten erfolgen. Es entstehen Bakterienanhäufungen, die man als Kolonien bezeichnet (Abb. 1). Bakterien können untereinander Erbinformation austauschen, indem sie für eine kurze Zeit eine Plasmabrücke zwischen zwei Zellen aufbauen.

Bakterien nehmen Nährstoffe über ihre Zelloberfläche auf. Sie geben Stoffwechselprodukte an ihre Umgebung ab. Manche davon sind für uns giftig. Bakterien findet man nahezu überall. Es handelt sich in den allermeisten Fällen nicht um Krankheitserreger, sondern um Organismen, die im Naturhaushalt eine wichtige Rolle spielen. Sie bauen organisches Material ab und sind dadurch ein wichtiges Glied im Stoffkreislauf der Natur. In Kläranlagen werden sie zur Wasserreinigung genutzt. Bakterien im Darm sind für die Verdauung bei vielen Lebewesen lebensnotwendig. Teilweise werden Bakterien zur Lebensmittelherstellung genutzt, zum Beispiel Milchsäurebakterien bei Jogurt. Unter ungünstigen Bedingungen bilden manche Bakterienarten Endosporen aus. Das sind umgewandelte Bakterienzellen in einer Art Ruhephase, die unempfindlich gegen Wasser- und Nährstoffmangel sind. Sie können große Kälte und Hitze bis über 100 Grad Celsius sowie viele Gifte unbeschadet überstehen und auf diese Weise Jahrhunderte überdauern. Bei günstigen Bedingungen wandeln sie sich wieder in eine normale Bakterienzelle um.

Gelangen bestimmte Bakterienarten in unseren Körper, lösen sie Entzündungen oder Krankheiten aus, von denen einige tödlich verlaufen können. Viele Krankheiten werden durch winzige Speicheltröpfchen, die Bakterien enthalten, übertragen. Man nennt diese Art der Übertragung **Tröpfcheninfektion.** Die Zeit zwischen der Infektion und dem Ausbruch der Krankheit heißt **Inkubationszeit.** Je nach Krankheit kann sie wenige Stunden bis mehrere Wochen betragen. Bei der Krankheitsbekämpfung spielt Hygiene deshalb eine große Rolle.

110

Krankheit	Inkubationszeit	Übertragung und Symptome
Tetanus (Wundstarrkrampf)	4–14 Tage	Verschmutzung von Wunden durch Erde oder Kot; Schmerzen, Krämpfe, hohes Fieber
Keuchhusten	7–14 Tage	Tröpfcheninfektion; starke Hustenanfälle
Cholera	2–3 Tage	verunreinigtes Trinkwasser oder Nahrungsmittel, Kot; schwere Durchfälle
Scharlach	2–6 Tage	Tröpfcheninfektion; hohes Fieber, Hautausschläge, Ausschlag auf der Zunge
Typhus	2–3 Wochen	verunreinigtes Trinkwasser oder Nahrungsmittel, Kot; steigendes Fieber, erst Verstopfung, dann starke Durchfälle, Hautausschläge

3 *Krankheiten, die von Bakterien ausgelöst werden*

1 Vermehrung von Bakterien.
a) Berechne die Anzahl der Bakterien in einer Bakterienkolonie bei optimalen Vermehrungsbedingungen zu jeder vollen Stunde innerhalb eines Tages, wenn zur Startzeit (0 Uhr) ein Bakterium in die Kultur eingebracht wird und alle 30 Minuten eine Teilung erfolgt. Stelle die Ergebnisse in einem Diagramm dar.
b) Stelle Hypothesen auf, unter welchen Bedingungen die Vermehrung zum Stillstand kommt.

Die Pest wird durch Bakterien hervorgerufen. Sie wird durch den direkten Kontakt mit Nagetieren, den Biss des Rattenflohs, der auch Menschen befällt, oder durch Tröpfcheninfektion von Mensch zu Mensch übertragen. Die Inkubationszeit beträgt zwei bis acht Tage. Es gibt die Beulenpest, bei der besonders die Haut und die darunter liegenden Lymphknoten erkrankt sind. Bei der Lungenpest ist die Lunge betroffen. Lungenpest verläuft ohne sofortige medikamentöse Behandlung tödlich. Bei der Beulenpest sterben zwischen 30–75 % der unbehandelten Kranken.
Im Mittelalter wurden durch die Pest, die wegen der dunklen Hautstellen bei der Beulenpest der schwarze Tod genannt wurde, große Teile der Bevölkerung getötet. In Wien kam zum Beispiel 1679/80 ein Viertel der Bevölkerung ums Leben, es gab mehr als 50 000 Pesttote. Eine sinnvolle Behandlung und die eigentliche Ursache der Krankheit waren nicht bekannt. Da es Hygiene im heutigen Sinn nicht gab, konnte sich die Krankheit in einer Stadt oder einem Dorf schnell ausbreiten. Durch panikartige Flucht wurde die Krankheit immer weiter verbreitet.

4 *Informationen zur Pest*

2 Krankheiten.
a) Überlege, warum Cholera und Typhus nach großen Naturkatastrophen gefürchtet sind, Tetanus, Scharlach und Keuchhusten dagegen meist nur sporadisch auftreten (Abb. 3).
b) Beschreibe die Rolle der Inkubationszeit bei der Ausbreitung und Bekämpfung von bakteriellen Krankheiten.

3 Pest.
a) Stelle Thesen auf, warum sich die Pest im Mittelalter nach dem ersten Auftreten meist schnell ausbreitete und viele Tote forderte (Abb. 4, 5).
b) Welche Maßnahmen wären auch ohne Medikamente geeignet gewesen, die Pest einzudämmen?

5 *Ausleeren eines Nachttopfes (Holzschnitt 15. Jh.)*

7.2 Antibiotika

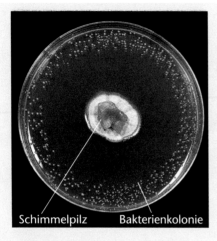

Schimmelpilz   Bakterienkolonie

1 *Ein Schimmelpilz verhindert das Wachstum von Bakterien*

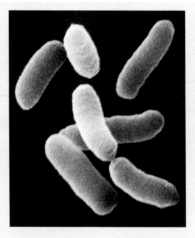

2 *Bakterien vor Penicillineinwirkung*

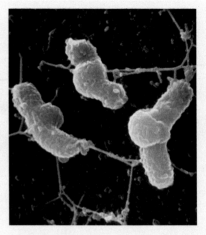

3 *Bakterien nach Penicillineinwirkung*

Antibiotika sind Substanzen, die Bakterien abtöten, ohne die Zellen von Menschen und Tieren zu schädigen. Viele Antibiotika bewirken, dass Bakterien keine neuen Zellwände oder Membranen aufbauen können. Bei der Teilung wird ihre Umhüllung instabil und die Bakterien platzen (Abb. 2, 3). Das erste Antibiotikum, das Penicillin, wurde 1928 von ALEXANDER FLEMING entdeckt (Abb. 4). Seit etwa 1950 werden Patienten mit Antibiotika behandelt. Mit dem Penicillin war es erstmals möglich, bakterielle Infektionskrankheiten schnell und wirksam zu bekämpfen. Lange herrschte eine große Euphorie. Man glaubte, diese Krankheiten endgültig besiegt zu haben. Doch bald traten Bakterienstämme auf, bei denen das Antibiotikum nicht wirkte. Diese Bakterienstämme waren gegen das Medikament **resistent.**

In der Erbinformation von Bakterien treten wie bei allen Organismen zufällige Veränderungen auf. Man nennt sie **Mutationen.** Bei Bakterien ereignen sich Mutationen sehr häufig. Sie können dazu führen, dass ein Antibiotikum bei einem Bakterium nicht wirksam ist. Wird dieses Medikament eingesetzt, sterben alle Bakterien ab, nur das mit der Resistenz bleibt am Leben und kann sich nun ohne Konkurrenz durch andere Bakterien vermehren. Alle Nachkommen besitzen das Resistenzmerkmal, ein resistenter Bakterienstamm ist entstanden. Da die Resistenz in der DNA festgelegt ist, kann sie durch Austausch von DNA an andere Bakterien weitergegeben werden.

Im Laufe der Zeit wurden viele weitere Antibiotika entdeckt oder chemisch hergestellt. Inzwischen gibt es weltweit aber Bakterienstämme, die gegen fast alle Antibiotika resistent sind.

Im September 1928 kehrte der Bakteriologe ALEXANDER FLEMING nach einem Urlaub in sein Labor zurück. Er arbeitete zu dieser Zeit mit Bakterienkulturen. Beim Aufräumen entdeckte er Nährböden mit Kulturen, die einen grünlichen Schimmel aufwiesen. Ihm fiel auf, dass die Bakterien auf den verschimmelten Nährböden abgestorben waren. Weitere Versuche ergaben, dass der Schimmelpilz mit dem Namen Penicillium eine Substanz abscheidet, die Bakterien abtötet. FLEMING nannte sie Penicillin. Erst zehn Jahre später gelang es den Biologen FLOREY und CHAIN, die Substanz konzentriert zu gewinnen und erste erfolgreiche Tierversuche durchzuführen. 1941 wurde der erste Patient mit Penicillin behandelt. Nach einer ersten phänomenalen Besserung starb der Patient dennoch, weil die gewonnene Penicillinmenge nicht für eine Fortsetzung der Behandlung reichte.

4 *Die Entdeckung von Penicillin*

112

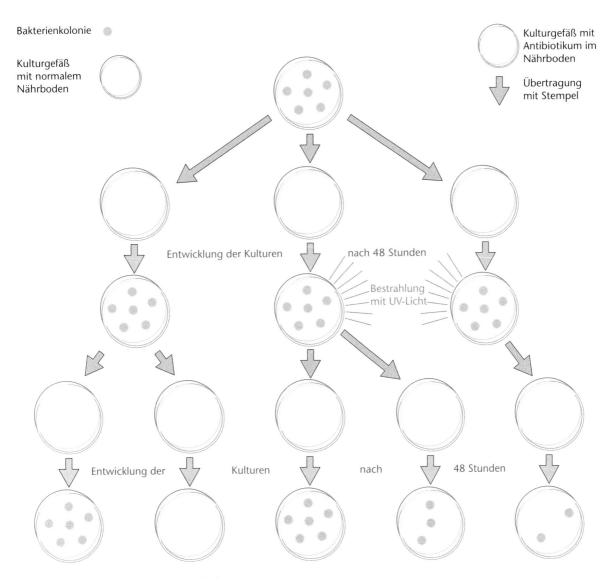

Bakterienkolonie

Kulturgefäß mit normalem Nährboden

Kulturgefäß mit Antibiotikum im Nährboden

Übertragung mit Stempel

Entwicklung der Kulturen

nach 48 Stunden

Bestrahlung mit UV-Licht

Entwicklung der   Kulturen   nach   48 Stunden

5 *Stempelversuche mit Bakterienkolonien*

1 **Schimmelpilzwirkung.** Beschreibe die Abbildung 1. Erkläre, wie die Verteilung der Bakterienkolonien zustande kommt.

2 **Stempelversuche.** Bakterien können auf speziellen Nährböden in Petrischalen gezüchtet werden. Hat man in ein solches Kulturgefäß Bakterien eingebracht, vermehren sich diese und bilden Bakterienkolonien. Mithilfe eines so genannten Stempels kann man von den Kolonien einen genauen Abdruck machen. Die Bakterien bleiben an dem Stempel hängen und werden auf einen neuen Nährboden übertragen.
Durch UV-Licht wird die Wahrscheinlichkeit von Mutationen sehr stark erhöht.
a) Erkläre die Vorgehensweise in den in Abbildung 5 dargestellten Versuchen. Begründe ausführlich die Ergebnisse.

b) Vergleiche die Bedingungen in der Petrischale in Abbildung 1 mit denen von Abbildung 4.

3 **Wettlauf zwischen Medizin und Bakterien.** Erkläre, wieso von einem ständigen Wettlauf zwischen Medizin und Bakterien gesprochen wird. Beurteile einen zu häufigen Einsatz von Antibiotika.

7.3 Viren

verschiedene Glykoproteine

Kapsid

Erbinformation des Virus

Zellmembran

Zellplasma

Zellkern

Einbau in die Chromosomen der Zelle

1 *Vermehrung des Influenzavirus*

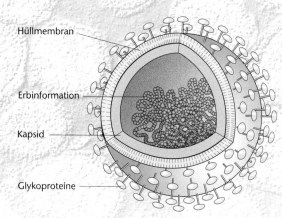

Hüllmembran

Erbinformation

Kapsid

Glykoproteine

2 *Schema des Influenzavirus*

Viren sind winzige Gebilde, die nur im Elektronenmikroskop sichtbar gemacht werden können. Sie bestehen aus Erbinformation und einer Kapsel, die man Kapsid nennt. Viele Viren, z. B. das Influenzavirus, das die Grippe auslöst, sind zusätzlich von einer Hüllmembran umgeben (Abb. 2). Viren haben keinen Stoffwechsel und können sich nicht aktiv fortbewegen. Die Vermehrung von Viren erfolgt nur in Wirtszellen. Das sind Zellen von Menschen, Tieren oder Pflanzen, die vom Virus befallen werden. Das Virus programmiert die befallene Zelle so um, dass sie neue Viren produziert. Die befallene Zelle stirbt ab, wenn die Viren die Zelle verlassen.

Der **Vermehrungszyklus** des Virus beginnt mit der Anheftung an die Wirtszelle (Abb. 1 ①): Dabei dockt ein Virus mit den Glykoproteinen an ein dazu passendes Glykoprotein der Wirtszellenoberfläche an. Glykoproteine sind Bausteine der Membran von Zellen und Viren. Sie bestehen aus einem Protein, an das Zuckermoleküle gebunden sind. ②, ③: Die Hüllmembran des Virus verschmilzt mit der Membran der Wirtszelle und das Virus gelangt in das Innere der Zelle. Dort erfolgt das Auspacken

der Erbinformation ④, indem sich das Kapsid auflöst. Die frei gewordene Erbinformation des Virus wandert in den Zellkern der Wirtszelle ⑤. Dort wird es in die Erbinformation der Wirtszelle eingebaut ⑥. Dadurch wird die Zelle so umprogrammiert, dass sie nun massenhaft neue Virenbestandteile produziert ⑦. Die Virenbestandteile werden schließlich zusammengesetzt ⑧. Gleichzeitig baut die Wirtszelle die Bestandteile der Virushülle in ihre eigene Oberflächenmembran ein. Bei der Ausschleusung ⑨ werden die neu gebildeten Viren mit dieser Membran umgeben, die die neue Hüllmembran des Virus bildet. Die Membran der Wirtszelle löst sich auf ⑩ und die Wirtszelle stirbt.

Bestimmte Krankheiten werden von Viren hervorgerufen (Abb. 3). Sie lassen sich teilweise nur schwer behandeln, weil Viren infolge des fehlenden eigenen Stoffwechsels nur wenige Angriffspunkte für Medikamente bieten. Krankheiten, die von Viren hervorgerufen werden, deren Membranoberfläche über lange Zeit konstant bleibt, lassen sich meist gut durch **Impfen** vorbeugend bekämpfen. Bei manchen Viren treten häufig Mutationen auf, so dass sie von Generation zu Generation unterschiedliche Membranoberflächen aufweisen. Dies erschwert die Bekämpfung durch das Immunsystem und die Wirksamkeit einer Impfung. Das HI-Virus und das Influenzavirus gehören zu diesen Viren.

114

Krankheit	Inkubationszeit	Übertragung und Symptome
Röteln	1–3 Wochen	Tröpfcheninfektion; kleine rötliche Flecken am Körper
Masern	9–11 Tage	Tröpfcheninfektion; Husten, Fieber, rote Flecken am ganzen Körper
Polio (Kinderlähmung)	3–20 Tage	Tröpfcheninfektion, Urin, Kot; hohes Fieber, Kopfschmerzen, steifer Nacken, Empfindlichkeit der Haut, Gliederschmerzen
Windpocken	2–3 Wochen	Tröpfcheninfektion; bläschenartiger Ausschlag, manchmal Fieber
Influenza (Grippe)	wenige Stunden bis 3 Tage	Tröpfcheninfektion; Gliederschmerzen, Mattigkeit, Kopfschmerzen, Entzündung der Atemwege, häufig hohes Fieber, kann besonders bei Menschen mit geschwächtem Immunsystem zum Tod durch Herz-Kreislauf-Versagen führen

3 *Krankheiten, die von Viren hervorgerufen werden*

1 **Virenvermehrung.** Stelle die Vermehrung der Viren anhand der Abbildung 1 in einem Fließdiagramm dar.

2 **Viren als Krankheitserreger.** Erkläre, warum Antibiotika bei Scharlach und Keuchhusten sinnvoll eingesetzt werden, bei Windpocken und Masern aber nicht wirksam sind.

3 **Viren als Lebewesen.** „Viren sind keine Lebewesen." Stelle Argumente für und gegen diese These zusammen.

4 **Vermischung von Viren.** Abbildung 5 zeigt schematisch die Vermischung zweier Viren in einem dritten Wirt.
a) Beschreibe in eigenen Worten die Aussagen der Abbildung 5.
b) Fertige eine Zeichnung für die in Abbildung 4 beschriebenen Vorgänge an. Vergleiche sie mit dem in Abbildung 5 dargestellten Vorgang.

Grippeviren existieren nicht nur bei Menschen, sondern auch bei Vögeln und Säugetieren. Da die Viren auf die Oberfläche ihrer Wirtszellen spezialisiert sind, erkranken in der Regel nur Tiere der gleichen Artengruppe. Erkrankt einmal ein Mensch an einer „Tiergrippe", kann die Krankheit nicht an andere Menschen weitergegeben werden. Durch Mutationen oder durch Vermischung mit einem auf den Menschen spezialisierten Grippevirus kann es dennoch vorkommen, dass ein solches tierisches Virus von Mensch zu Mensch überspringen kann. Dann droht Gefahr, da das menschliche Immunsystem auf das Virus nicht vorbereitet ist. Die Erkrankung verläuft deshalb oft sehr schwer und die Entwicklung eines Impfstoffes dauert viele Monate. Meist hat sich die Krankheit dann bereits weit ausgebreitet.

4 *Grippe bei Tieren und ihre Gefahren für Menschen*

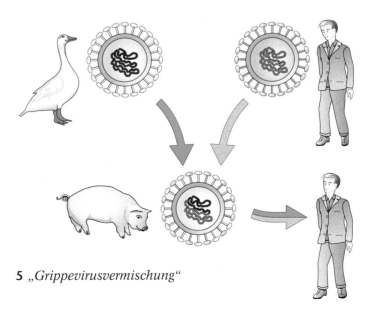

5 *„Grippevirusvermischung"*

Ein schriftliches Referat erstellen

1. Vorbereitung

Beginne die Arbeit damit, dass du überlegst, was du bereits über dein Thema weißt. Halte dein Wissen auf einem DIN-A4-Blatt fest.

Lege einen Ordner an, in den du alle Texte, Aufzeichnungen und Materialien für dein Referat einheften kannst.

2. Überblick verschaffen

Wenn du bislang nur wenig über dein Thema weißt, verschaffe dir mithilfe von Lexika, Zeitschriftenartikeln oder dem Internet einen ersten Überblick.

3. Fragen formulieren

Überlege dir Fragen, die durch das Referat beantwortet werden sollen. Halte diese auf einem „Fragen-zettel" (DIN-A4-Blatt) fest (Abb. 1).

4. Materialien sammeln

Suche in der Bücherei oder im Internet nach passenden Büchern, Zeitschriften, Karten, Bildern und Internet-seiten zu deinem Thema (Abb. 2).

5. Sichten des Materials

Verschaffe dir einen Überblick über das gefundene Material und entscheide, welche Texte, Bilder oder Karten zu deinem Thema passen. Prüfe, ob du mit dem bislang gefundenen Material deine Fragen beant-worten kannst. Suche ansonsten nach weiteren Materialien.

Falls du beim Sichten auf weitere wichtige Gesichtspunkte deines Themas stößt, die du bislang noch nicht berücksichtigt hattest, ergänze sie auf deinem „Fragenzettel".

Überprüfe anschließend, ob sich manche Fragen vom Inhalt her überschneiden und sich deshalb zusam-menfassen lassen. Streiche Fragen, die das Thema wenig oder gar nicht berühren.

6. Erstellen einer Gliederung

Überlege, welches die Kernpunkte deines Themas sind, die du auf jeden Fall in deinem Referat behandeln willst. Das gefundene Material und deine Fragen, die du dir zu Anfang gestellt hast, helfen dir dabei, mög-liche Schwerpunkte zu finden. Diese Schwerpunkte, auch Gliederungspunkte genannt, stellen das Gerüst deines Referates dar. Achte beim Erstellen der Gliederung auf eine sinnvolle und logische Reihenfolge der Gliederungspunkte (Abb. 3).

7. Auswerten des Materials

Werte die Materialien aus, indem du die wichtigsten Informationen für dein Referat sicherst. Das kann beispielsweise so geschehen, dass du wichtige Textstellen oder Bilder kopierst, wichtige kurze Passagen ab-schreibst oder einen Textauszug anfertigst. Hefte dieses Material in deinen Ordner. Schreibe auf jede Seite, zu welchem Gliederungspunkt die Informationen passen. Trage auch den Titel des Buches oder die Adresse der Internetseite ein. So weißt du, woher die gefundenen Informationen stammen.

8. Das schriftliche Referat ausarbeiten

Nachdem du die gefundenen Informationen den einzelnen Gliederungspunkten zugeordnet hast, kannst du mit dem Ausarbeiten des Referates beginnen. Ausarbeiten bedeutet, dass du mithilfe der gesammelten Informationen einen zusammenhängenden Text verfasst. Wichtig beim Ausarbeiten ist, dass du nicht aus den Vorlagen abschreibst, sondern mit deinen eigenen Worten die Sachverhalte wiedergibst. Manchmal ist es jedoch sinnvoll, einen besonders gut formulierten Satz aus einer Quelle komplett zu übernehmen, das heißt ihn zu zitieren.

9. Regeln für das Zitieren

Zitieren bedeutet, einen oder mehrere Sätze aus einem Text wortwörtlich zu übernehmen.

Beachte, dass du ein Zitat als solches kenntlich machen musst. Das geschieht dadurch, dass das Zitat in Anführungszeichen gesetzt wird.

Zitiere genau, das heißt, dass du den Text wortwörtlich wiedergeben musst und ihn nicht verändern darfst. Wenn du längere Zitate kürzt, achte darauf, dass durch die Kürzung der Sinn nicht verfälscht wird. Kennzeichne die Auslassungen durch Punkte […]. Gib auch die Quelle an, aus der das Zitat stammt, damit der Leser die Richtigkeit des Zitates überprüfen kann.

10. Ausgewogenheit der Darstellung

Achte vor allem bei strittigen Themen um eine ausgewogene Darstellung, das heißt, dass du sowohl die Argumente der Befürworter als auch der Gegner angemessen darstellst.

1) Wodurch wird die Pest ausgelöst?
2) Wodurch wird diese Krankheit übertragen?
3) Woran erkennt man, dass ein Mensch an der Pest erkrankt ist?
4) Ist die Pest heilbar?
5) In welchen Ländern gibt es die Pest noch heute?
6) Wie kann man sich vor der Pest schützen?

1 *Fragen zum Thema „Pest"*

1.   Definition
2.   Arten
2.1 Beulenpest
2.2 Lungenpest
3.   Übertragungswege
4.   Behandlung
5.   Geschichte der Pest
5.1 Pest in der Antike
5.2 Pest im Mittelalter
6.   Pest heute

3 *Mögliche Gliederung*

2 *Wanderratte, Floh, Pestbakterien*

Bergdolt, Klaus: Der schwarze Tod in Europa. Die große Pest und das Ende des Mittelalters. München 1994.
Herlithy, David: Der schwarze Tod und die Verwandlung Europas. Berlin 1998.
Meier, Mischa: Pest. Die Geschichte eines Menschheitstraumas. Stuttgart 2005.
Vasold, Manfred: Die Pest. Ende eines Mythos. Darmstadt 2003.

4 *Fachbücher zum Thema Pest*

7.4 Das Immunsystem

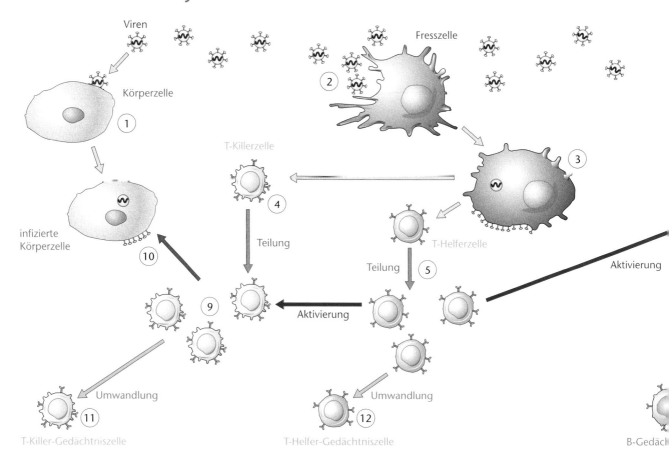

1 *So bekämpft das Immunsystem Influenzaviren*

Alle Zellen des Immunsystems werden im Knochenmark gebildet. Sie werden als Weiße Blutkörperchen oder **Leukozyten** bezeichnet. Zu den Leukozyten gehören Fresszellen, T-Zellen und B-Zellen. Bei ihrer Reifung „lernen" Leukozyten, Fremdkörper von körpereigenen Stoffen zu unterscheiden. Die Unterscheidung erfolgt durch Proteine auf der Oberfläche. Jede körpereigene Zelle enthält bestimmte Proteine, die man MHC-Marker nennt. Alle Zellen oder Stoffe, die auf ihrer Oberfläche diese Proteine nicht tragen, werden als körperfremd erkannt und bekämpft. Solche Zellen oder Stoffe bezeichnet man als **Antigene.** Die Reifung erfolgt bei den B-Zellen im Knochenmark (B kommt von bone = Knochen) und bei den T-Zellen in der Thymusdrüse, einer Drüse hinter dem Brustbein. Bei der Reifung werden **Rezeptoren** in die Oberfläche der B- und T-Zellen eingebaut,

die auf Antigene passen. Jede Zelle entwickelt nur eine Sorte der Rezeptoren. B- und T- Zellen, deren Rezeptoren zu Oberflächenmolekülen körpereigener Zellen passen, werden getötet, damit sie sich nicht gegen den eigenen Körper wenden können. T-Zellen und B-Zellen reagieren spezifisch nur auf solche Antigene, die nach dem Schlüssel-Schloss-Prinzip zu den Rezeptoren auf ihrer Oberfläche passen (Abb. 2). Sie bilden daher die Grundlage der spezifischen Abwehr von Krankheitserregern, die in den Körper eingedrungen sind. Es gibt hunderttausende von T- und B-Zellen, die sich in ihren Rezeptoren für Antigene unterscheiden.

Fresszellen können sich amöbenartig zwischen den Zellen im Gewebe fortbewegen. Sie fressen eingedrungene Erreger, Fremdkörper, aber auch abgestorbene Körperzellen. Die Bekämpfung durch

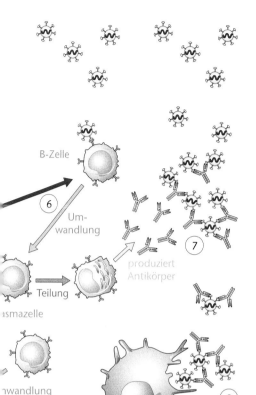

Influenzaviren, die in den Körper eingedrungen sind, befallen Körperzellen (1). Einige Viren werden von den Fresszellen direkt gefressen (2). Die Fresszelle baut Teile der Antigene in ihre Oberfläche ein (3). Anschließend treffen diese Fresszellen auf T-Helferzellen und T-Killerzellen. Wenn deren Rezeptoren zu den Antigenen passen, werden diese Zellen zur Teilung angeregt (4) (5). Die T-Helferzellen aktivieren passende B-Zellen, die sich daraufhin bei Kontakt mit dem Virus in Plasmazellen umwandeln und teilen (6). Die Plasmazellen produzieren Antikörper, die frei im Körper vorkommende Influenzaviren verklumpen (7). Fresszellen vernichten verklumpte Viren (8). T-Helferzellen aktivieren passende T-Killerzellen (9). Diese töten die Körperzellen, die vom Virus infiziert wurden (10). Ein Teil der aktivierten T-Killerzellen, T-Helferzellen und Plasmazellen wandelt sich in entsprechende Gedächtniszellen um (11) (12) (13).

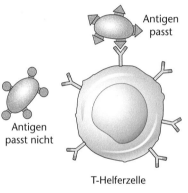

2 *Schlüssel-Schloss-Prinzip*

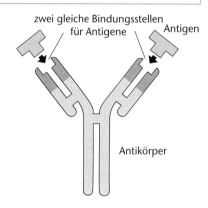

3 *Antikörper*

Fresszellen bezeichnet man als unspezifische Abwehr, weil sie sich gegen alle körperfremden Stoffe richtet. Dabei bauen die Fresszellen nach dem Verzehr Teile der Antigene in ihre eigene Oberfläche ein und kennzeichnen sie mit speziellen Molekülen. Die Kennzeichnung verhindert, dass die Fresszelle als infiziert angesehen wird. Trifft eine Fresszelle mit markierten Antigenteilen auf eine T-Zelle mit passendem Rezeptor, wird diese zur Teilung angeregt.

Bei den T-Zellen gibt es zwei Gruppen, die T-Helferzellen und die T-Killerzellen. T-Helferzellen, die Kontakt mit einer Fresszelle mit passendem Antigen hatten, aktivieren die T-Killerzellen sowie die B-Zellen und regulieren durch abgegebene Stoffe die Immunaktivität. T-Killerzellen töten nach ihrer Aktivierung alle Zellen, in die ein Virus einge-

drungen ist. Dadurch wird die Virusvermehrung gestoppt. Die Erkennung erfolgt durch Antigene in der Oberfläche der infizierten Zelle.

Aktivierte **B-Zellen,** die zudem Kontakt mit einem passenden Antigen hatten, teilen sich sehr häufig. Sie produzieren große Mengen **Antikörper,** die sie an die Umgebung abgeben. Antikörper sind Proteine (Abb. 3). Ihre Bindungsstellen weisen die gleiche Form auf wie die Rezeptoren auf der Oberfläche der B-Zelle, die sie gebildet hat. Antikörper verklumpen Antigene und machen Erreger dadurch bewegungsunfähig. So können sie leichter von Fresszellen vernichtet werden. Ein Teil der aktivierten T- und B-Zellen wandelt sich in langlebige Gedächtniszellen um. Sie werden bei einer erneuten Infektion mit den gleichen Krankheitserregern sofort aktiv.

119

7.5 Abwehr von körperfremden Stoffen

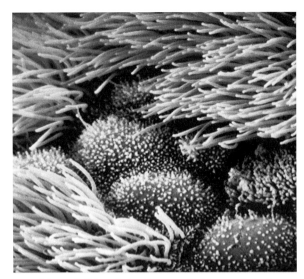

1 *Schleim bildende Zellen und Flimmerhärchen in der Schleimhaut*

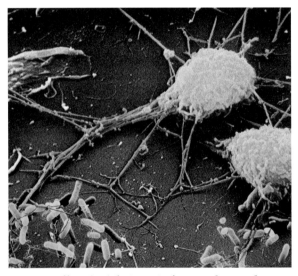

2 *Fresszellen (rot) beim „Aufsammeln" und Fressen von Bakterien (blau)*

Im täglichen Leben sind wir ständig von Bakterien, Viren und anderen Erregern umgeben. Eine gut funktionierende Immunabwehr kann uns davor schützen, zu erkranken. Alle Erreger dringen zunächst in den Körper ein. Dies geschieht entweder durch die Haut oder über die Atemwege und Verdauungsorgane. Die Haut weist fast immer kleinste Verletzungen auf. Sie hat einen natürlichen Schutzmantel aus Schweiß und Talg, die einen Säurefilm

auf die Haut legen. Bei den Schleimhäuten in den Atemwegen und den Verdauungsorganen gibt es ähnliche Schutzmechanismen wie die Abgabe von Schleim oder Säure, zum Beispiel der Magensäure. Der Schleim wird mit eingeschlossenen Erregern durch Flimmerhärchen nach außen befördert (Abb. 1).

Gelingt es den Erregern dennoch, in den Körper einzudringen, treten zunächst die Fresszellen in Aktion (Abb. 2). Sie werden durch Entzündungsstoffe unterstützt. Entzündungsstoffe fördern die Durchblutung und locken weitere Fresszellen an. Fresszellen starten außerdem die spezifische Abwehr durch T- und B-Zellen bei einer Infektion. Damit diese Abwehr zuverlässig arbeitet, müssen gegen möglichst viele Erreger Gedächtniszellen vorliegen, um bei einer Infektion schnell reagieren zu können.

Die Wirksamkeit des Immunsystems kann durch eine gesunde Ernährung mit einem hohen Anteil an Obst und Gemüse und wenig Zucker und Fett gestärkt werden. Der Effekt wird durch regelmäßige Bewegung verstärkt. Die Psyche eines Menschen wirkt sich ebenfalls auf das Immunsystem aus. Stress und Angst setzen die Vermehrungsfähigkeit von Zellen des Immunsystems herab (Abb. 7). Es wird diskutiert, ob eine positive Lebenseinstellung das Immunsystem effektiver macht und damit Selbstheilungskräfte weckt.

Bei Organtransplantationen kann es zu Abstoßungsreaktionen des Körpers auf das neue Organ kommen. Dabei bekämpft das Immunsystem das Spenderorgan als körperfremde Substanz. Die Wahrscheinlichkeit einer solchen Abstoßung ist umso größer, je mehr MHC-Marker bei Spender und Empfänger unterschiedlich sind. MHC-Marker sind Oberflächenproteine, an denen körpereigene Zellen vom Immunsystem erkannt werden. Im Fall einer Abstoßungsreaktion muss das Immunsystem des Empfängers unterdrückt werden, wodurch die Infektanfälligkeit des Patienten steigt.

1 Krankheitsabwehr. Man spricht von drei Verteidigungslinien der Krankheitsabwehr. Benenne die drei Verteidigungslinien und beschreibe sie. Ordne die im Grundwissentext genannten Elemente den Verteidigungslinien zu.

Empfänger
Zelloberfläche

Organ 1
Zelloberfläche

Organ 2
Zelloberfläche

Organ 3
Zelloberfläche

3 *MHC-Marker auf der Zelloberfläche*

2 Transplantationen.
a) Entscheide, welche Organe in Abbildung 3 für eine Organtransplantation am ehesten in Frage kommen. Begründe deine Entscheidung.
b) Täglich werden in Deutschland elf lebensrettende Organtransplantationen durchgeführt. Es sterben trotzdem täglich drei Patienten, weil sie nicht rechtzeitig ein Organ bekommen. Diskutiere unter Einbeziehung der Abbildung 4 und 5 diesen Sachverhalt.

3 Stress und Immunsystem. Setze die Aussagen der Abbildungen 6 und 7 zueinander in Beziehung.

Eine Organtransplantation ist nur sinnvoll, wenn möglichst viele MHC-Marker von Empfänger und Spender übereinstimmen. Eine 100-prozentige Übereinstimmung gibt es nur bei eineiigen Zwillingen. Bei einer Lebendspende wird ein Organ, z. B. eine Niere oder ein Leberlappen, von einem lebenden Menschen gespendet, meist von einem nahen Verwandten. In der Regel werden die Organe aber einem gerade Verstorbenen entnommen. Voraussetzung dafür ist ein Organspendeausweis oder die Zustimmung der nächsten Angehörigen. Trotz Werbung führen zu wenig Menschen einen Organspendeausweis mit sich, um den Bedarf an Organen zu decken.

4 *Organspende*

Jahr 2010	Herz	Niere	Lunge
Transplantationen vom 01.01.–31.05.	393	2937	298
auf der Warteliste am 01.06.	323	200	118

5 *Zahlen zu Transplantationen in Deutschland*

Ereignis	Stresswert
Tod des Ehepartners	100
Ehescheidung	73
Tod eines Familienmitglieds	63
Gefängnisaufenthalt	63
eigene schwere Krankheit	53
Heirat	50
Verlust des Arbeitsplatzes	47
Eintritt in den Ruhestand	45
Krankheit eines Familienmitglieds	44
starke Änderung der finanz. Lage	38
Wechsel des Arbeitsbereiches	36
Auszug von Tochter/Sohn	29
Wohnungswechsel	20

6 *Stresswerte von besonderen Ereignissen*

Eine Methode zur Messung der Körperabwehr besteht darin, Lymphozyten (Killerzellen und B-Zellen) aus dem Blut zu isolieren und künstlich zur Teilung anzuregen. Die Vermehrungsrate wird als ein Maß für die Aktivität des Immunsystems herangezogen. In der Abbildung sind die Ergebnisse bei einer Gruppe von Personen dargestellt, deren Ehepartner schwer krank waren und schließlich starben.

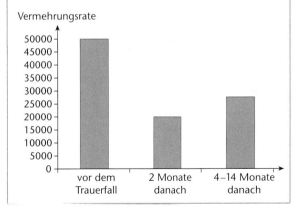

7 *Vermehrung von Lymphozyten*

7.6 Immunisierung

Edward Jenner (1749–1823)

Im Jahr 1796 führte der englische Arzt EDWARD JENNER die erste aktive Schutzimpfung durch. Ihm war aufgefallen, dass Menschen, die sich im Umgang mit Tieren an den harmlosen Kuhpocken infizierten, später nicht an den Pocken, die zur damaligen Zeit viele Todesfälle forderte, erkrankten. Er ritzte einem Jungen mit einem Messer, das er mit Blut eines an Kuhpocken erkrankten Menschen „verunreinigt" hatte, in die Haut. Der Junge erkrankte später nicht an den Pocken. Diese Behandlung wurde von seinen Kollegen missbilligt. JENNER erhielt Berufsverbot. Dank der Impfung gelten die Pocken heute weltweit als ausgestorben.

Emil von Behring (1854–1917)

1890 entwickelte EMIL VON BEHRING die erste passive Impfung. Er infizierte Pferde mit dem Erreger der Diphtherie, einer gefährlichen Erkrankung der Atemwege, die häufig zum Tode führte. Nach einigen Tagen isolierte er aus dem Blut der Tiere ein Serum, das er erkrankten Menschen injizierte. Bei den Patienten trat sehr schnell eine durchgreifende Besserung bis zur Heilung ein.

1 *Zur Geschichte der Impfung*

Bei einer **aktiven Immunisierung** werden Impfstoffe zum Schutz vor Infektionen durch Bakterien oder Viren verwendet (Abb. 2). Lebendimpfstoffe sind abgeschwächte Erreger, die normalerweise keine Infektion mehr auslösen können. Totimpfstoffe enthalten abgetötete Erreger oder deren Oberflächenbruchstücke. Diese Impfstoffe werden dem Menschen verabreicht. Sie lösen im Körper eine Immunreaktion aus, bei der Gedächtniszellen gegen diese Antigene produziert werden. Diese Gedächtniszellen leben sehr lang, meist mehrere Jahre. Bei erneutem Kontakt mit den Antigenen teilen sich die Gedächtniszellen sehr rasch, wobei die B-Zellen in sehr großer Anzahl Antikörper produzieren. Die Infektion kann dadurch schnell wirkungsvoll bekämpft werden, der Mensch erkrankt nicht oder nur schwach. Aktive Immunisierungen bieten einen mehrjährigen, manchmal sogar lebenslangen Schutz vor der Erkrankung.

Die Impfstoffe für die **passive Immunisierung** werden aus dem Blut zuvor infizierter Tiere oder aus dem Blut von Menschen gewonnen, die bereits erkrankt waren (Abb. 2). Diese Impfstoffe enthalten die Antikörper gegen das betreffende Antigen. Sie werden erkrankten Menschen verabreicht. Die Antikörper verklumpen die Antigene, die so besser von den Fresszellen beseitigt werden können. Zudem verhindert das Verklumpen das Eindringen von Viren in Wirtszellen. Die passive Immunisierung wirkt aber nur, solange die Antikörper noch nicht abgebaut wurden, meist nur wenige Wochen. Ein dauerhafter Schutz wird nicht erreicht.

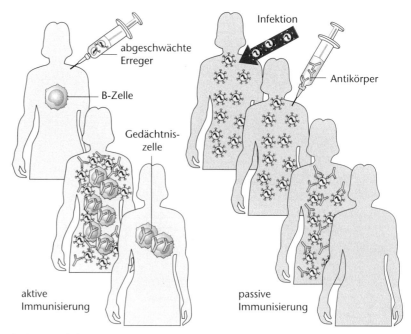

abgeschwächte Erreger

B-Zelle

Gedächtniszelle

Infektion

Antikörper

aktive Immunisierung

passive Immunisierung

2 *Immunisierung*

122

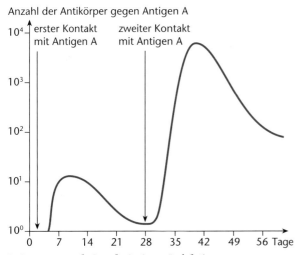

Anzahl der Antikörper gegen Antigen A

erster Kontakt mit Antigen A

zweiter Kontakt mit Antigen A

3 *Immunreaktion bei einer Infektion*

1 **Impfung.**
a) Vergleiche aktive und passive Immunisierung.
b) Überlege, warum bei vielen Impfungen nach einiger Zeit eine erneute Impfung nötig ist. Was passiert bei der erneuten Impfung?

2 **Immunantwort.**
a) Beschreibe die Vorgänge, die während des in Abbildung 3 dargestellten Zeitraums ablaufen.
b) Wie würde die Kurve bei einer aktiven Immunisierung und anschließendem Antigenkontakt aussehen?

3 **Versuche von PASTEUR.**
a) Stelle die Versuche PASTEURs in einem Verlaufs-diagramm dar (Abb. 4).
b) Stelle eine Hypothese über den Ausgang des Experimentes auf und begründe sie.

4 **Kinderlähmung.**
a) Fasse die Informationen aus der Abbildung 5 kurz in eigenen Worten zusammen.
b) Manche Mediziner beklagen, dass sich heute zu wenig Menschen in Deutschland gegen Kinder-lähmung impfen lassen. Versuche, die Bedenken der Mediziner zu begründen.

5 **Passivimpfstoffe.** Gegen Schlangengifte wer-den Impfstoffe für passive Immunisierung produ-ziert. Beschreibe, wie die Gewinnung eines solchen Impfstoffes vor sich gehen könnte.

Ende des 19. Jahrhunderts brach in Frankreich unter den Hühnern eine Cholera-Epidemie aus, die der Hühnerindustrie erhebliche Verluste brachte. LOUIS PASTEUR, einer der berühmtesten Forscher seiner Zeit, wurde um Hilfe gebeten. PASTEUR isolierte aus dem Kot erkrankter Hühner die Cholera-Bakterien und züchtete sie für Versuchszwecke in Kulturen. Mit den Bakterien infizierte er Brot, das er an Hühner verfütterte. Alle diese Hühner erkrankten an der Cholera und starben. Eines Tages nahm PASTEUR versehentlich eine alte Kultur mit geschwächten Bak-terien für diese Versuche. Überrascht stellte er fest, dass die Hühner nicht erkrankten. Weitere Versuche mit überalterten Bakterienkulturen brachten das gleiche Ergebnis. Nun verfütterte Pasteur Brot, das mit Bakterien aus jungen Kulturen infiziert wurde, an eine Gruppe Hühner, die vorher mit Bakterien der alten Kultur Kontakt hatten und an eine zweite Gruppe von Hühnern, die noch nicht mit den Bak-terien in Berührung gekommen waren.

4 *Versuche von Pasteur*

Die Kinderlähmung ist eine Viruserkrankung, die zu Lähmungen und Dauerschäden, häufig sogar zum Tode führt. Medikamente gibt es nicht, nur die Imp-fung bietet Schutz. 1962 wurde die Schluckimpfung in Deutschland eingeführt. Kinderlähmung tritt heute noch in Südasien und in vielen afrikanischen Ländern auf.

Jahr	Erkrankte	Todesfälle
1955	3109	234
1956	4159	258
1957	2402	193
1958	1698	131
1959	2118	127
1960	4236	281
1961	4661	305
1962	234	31
1963	234	17
1964	44	5
1965	45	6
1966	15	0
1967–2007	367	14

5 *Kinderlähmung in Deutschland, seit 2002 poliofrei*

123

7.7 HIV-Infektion

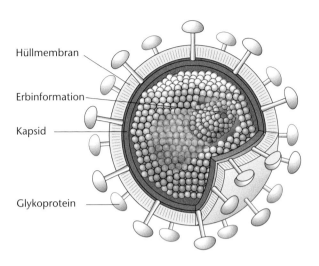

Hüllmembran

Erbinformation

Kapsid

Glykoprotein

1 Aids auslösender HI-Virus

Aids: acquired **i**mmune **d**eficiency **s**yndrome =
erworbenes Immunschwächesyndrom
(Unter dem Begriff Syndrom versteht man eine
Krankheit mit vielen Symptomen.)
HIV: human **i**mmunodeficiency **v**irus = menschliches
Immunschwächevirus

2 Namenserklärung

HIV ist ein Virus, das hauptsächlich die T-Helfer-zellen befällt (Abb.1). Diese sind notwendig, um das Immunsystem zu aktivieren. Das Virus dringt in die T-Helferzellen ein und vermehrt sich. Es kann aber auch für lange Zeit in der T-Helferzelle ruhen. Bei jeder Zellteilung wird seine Erbinfor-mation an die neu entstandenen T-Helferzellen weitergegeben. In diesem Zustand kann das Virus nicht vom Immunsystem erkannt werden. Erst wenn irgendwann die massenhafte Vermehrung beginnt, die zum Tod der T-Helferzelle führt, kann das Immunsystem die Viren bekämpfen.

Am Anfang einer HIV-Infektion treten grippeähn-liche Symptome auf. Die Viren in der Körperflüs-sigkeit werden vom Immunsystem bekämpft, doch können nicht alle Viren vernichtet werden. Mit der Zeit nimmt die Zahl der T-Helferzellen aufgrund

der Vernichtung durch die Viren immer mehr ab, die Zahl der Viren in der Körperflüssigkeit dagegen zu. Durch die geringe Anzahl der T-Helferzellen verliert das Immunsystem an Wirksamkeit, bis es schließlich ganz zusammenbricht (Abb. 4). Das Endstadium der Krankheit bezeichnet man als Aids. Dann werden sonst harmlose Infekte zur tödlichen Bedrohung für den Patienten. Es treten seltene von Parasiten hervorgerufene Krankheiten und Krebsarten auf. Das Aids-Stadium kann ohne Medikamente zwischen wenigen Wochen und zehn Jahren nach der Infektion eintreten. Medikamente können den Ausbruch von Aids heute sehr lange hinauszögern. Aids führt schließlich immer zum Tod.

In allen Körperflüssigkeiten infizierter Personen findet man HIV, zum Beispiel in Blut, Lymphe, Spermaflüssigkeit, Scheidenflüssigkeit, Speichel, Tränenflüssigkeit. Eine Ansteckung erfolgt, wenn eine genügend große Anzahl von Viren in den Kör-per einer Person gelangen. HIV wird hauptsächlich durch Geschlechtsverkehr und durch Mehrfachver-wendung von Spritzen in der Drogenszene übertra-gen. Beim Geschlechtsverkehr dringen Viren durch kleine Hautbeschädigungen, die meist unbemerkt bleiben, in den Körper ein. Die **Verwendung von Kondomen** bietet einen großen Schutz, aber kei-ne absolute Sicherheit. Eine Übertragung von HIV durch Speichel, Schweiß oder Tränenflüssigkeit konnte bis heute nicht nachgewiesen werden.

Eine HIV-Infektion kann festgestellt werden, in-dem ein **Test auf Antikörper** gegen das HIV durch-geführt wird. Einen solchen Test kann man auch mit dem Partner gemeinsam durchführen lassen. Bei HIV treten sehr häufig Mutationen auf: Bei jedem Vermehrungszyklus haben die meisten neu gebildeten Viren eine andere Oberfläche als das Virus, das die Zelle befallen hat. Die Bekämpfungs-maßnahmen des Immunsystems werden dadurch unterlaufen. Alle bisher entwickelten Medikamen-te können den Verlauf einer HIV-Infektion zwar verzögern, aber nicht heilen. Eine vorbeugende Impfung existiert zurzeit noch nicht.

Region	HIV-Infizierte			Neu-infektionen 2007	AIDS-Tote 2007	HIV-Infizierte in der Bevölkerung
	1998	2003	2007			
Afrika südlich der Sahara	25,5	26,6	24,5	1,7	1,6	5,0 %
Südostasien	6,7	6,4	4,0	0,34	0,6	0,27 %
Süd- und Mittelamerika	1,4	1,6	1,6	0,01	0,058	0,5 %
Nordamerika, West- u. Zentraleuropa	1,39	1,6	2,06	0,077	0,033	0,5 %
Osteuropa und Zentralasien	0,27	1,5	1,6	0,015	0,055	0,9 %
Nordafrika und mittlerer Osten	0,21	0,6	0,38	0,035	0,025	0,3 %
Karibik	0,33	0,47	0,23	0,017	0,011	1,0 %
Ozeanien	0,56	1	0,075	0,014	0,0012	0,4 %
Deutschland	0,036	0,044	0,043	0,002	0,0006	0,05 %
Total	36,36	39,77	33,2	2,5	2,1	1 %

3 *HIV in Zahlen nach Schätzungen, Angaben in Millionen*

1 **Medizinische Aspekte.**
a) Beschreibe und erkläre den Verlauf der Kurven in Abbildung 4.
b) Begründe, warum ein HIV-Test ganz kurz nach der Infektion nicht zuverlässig ist.

2 **Persönliche Aspekte.**
a) Immer wieder kommt es dazu, dass HIV-infizierte Menschen gemieden werden, sobald die Diagnose bekannt wird. Suche Gründe, warum Mitmenschen auf diese Weise reagieren.
b) Versuche, die Probleme für einen HIV-infizierten jungen Menschen (Schülerin/Schüler) zu beschreiben. Überlege, welche Maßnahmen in der Umgebung eines solchen Menschen eine Erleichterung für ihn bedeuten könnten.
c) Stelle Verhaltensweisen zusammen, die das Risiko für eine Ansteckung mit dem HIV verringern.

3 **Gesellschaftliche Aspekte.**
a) Werte die Abbildung 3 aus. Vergleiche dabei die Situation in Deutschland mit den angegebenen Regionen.

b) In dem südafrikanischen Land Botsùana sind circa 40 Prozent der Erwachsenen mit HIV infiziert. Versuche, die wirtschaftlichen und sozialen Probleme infolge der Krankheit zu beschreiben.

4 **Aussagekräftige Zahlen?**
Die Zahlen in Abbildung 3 beruhen auf Schätzungen. Stelle Hypothesen auf, warum die Ermittlung von Zahlen so schwierig ist. Gib an, inwieweit nach deiner Meinung die Zahlen dennoch aussagekräftig sind. Begründe deine Meinung.

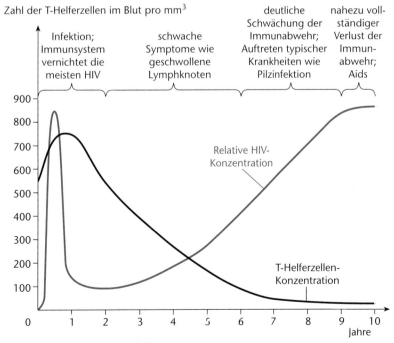

4 *Verlauf einer HIV-Infektion*

1 *Birkenblüte*

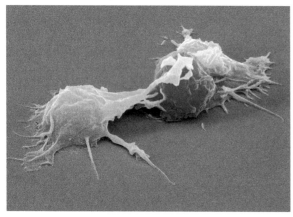

2 *Killerzellen (gelb) an einer von ihnen getöteten Tumorzelle*

Bei einer **Allergie** reagiert das Immunsystem auf harmlose Stoffe sehr heftig. Durch den Kontakt mit dem betreffenden Allergen, so wird das Antigen genannt, werden sehr große Mengen an Antikörpern und Entzündungsstoffen ausgeschüttet. Die Schleimhäute schwellen an oder es tritt Hautausschlag auf. Oft genügen winzige Mengen des Allergens, um die allergische Reaktion auszulösen. In Extremfällen kann sie so stark sein, dass ein le-

bensbedrohlicher Schock hervorgerufen wird. Der Grund ist eine mit der Entzündung verbundene Erweiterung der Blutgefäße, durch die der Blutdruck stark absinken kann. Eine Allergie kann sich plötzlich entwickeln, auch wenn der betreffende Stoff jahrelang vertragen wurde. Die Gründe dafür sind noch nicht hinreichend bekannt. Jeder Stoff kann zu einem Allergen werden, doch verursachen bestimmte Stoffe gehäuft Allergien, zum Beispiel Pollen von Gräsern oder Bäumen (Heuschnupfen), Nickel (Schmuckallergien), die Ausscheidungen der Hausstaubmilbe (Hausstauballergie) und bestimmte Eiweißarten (Neurodermitis, Asthma).

Krebs entsteht durch Mutationen in der DNA von Zellen. Solche Mutationen entstehen zufällig. Manche Chemikalien, UV-Strahlung, Röntgenstrahlen und radioaktive Strahlung führen vermehrt zu Mutationen. Normalerweise sorgen Reparaturmechanismen in der Zelle dafür, dass sie wieder beseitigt werden. Nicht immer gelingen die Reparaturmaßnahmen. Dann kann es dazu kommen, dass die Kontrolle über die Zellteilung verloren geht und sich die Zelle ständig weiter teilt. Es ist eine Tumorzelle entstanden. Auch der Kontakt mit manchen Viren begünstigt die Entstehung von Tumorzellen. Wahrscheinlich werden in jedem Menschen täglich Tumorzellen gebildet. Sie unterscheiden sich in ihrer Oberfläche geringfügig von gesunden Zellen und können daher von den Zellen des Immunsystems erkannt und abgetötet werden (Abb. 2). Manchmal werden Tumorzellen jedoch nicht vom Immunsystem erkannt. Sie werden nicht abgetötet und teilen sich immer weiter. Es entsteht eine Gewebewucherung aus Tumorzellen, ein Tumor. So genannte gutartige Tumore wachsen nur langsam. Sie zerstören das umliegende Gewebe nicht und sind nach außen scharf abgegrenzt. Bei bösartigen Tumoren teilen sich die Zellen viel schneller. Sie dringen in benachbartes Gewebe ein und zerstören es dabei. Man spricht dann von Krebs. Einzelne Tumorzellen können sich aus dem Tumor lösen und an anderer Stelle Tochtertumore bilden. Diese nennt man Metastasen. Wenn Metas-

126

Fälle pro 100 000 Frauen

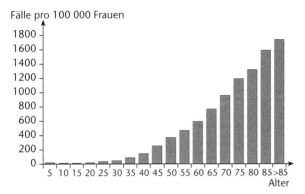

Fälle pro 100 000 Männer

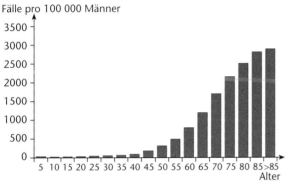

3 *Neuerkrankungen an Krebs*

tasen im Körper vorhanden sind, sinken die Heilungschancen erheblich. Daher ist eine Früherkennung des Krebses für eine erfolgreiche Therapie sehr wichtig. Im Alter steigt das Erkrankungsrisiko an Krebs stark an und ist bei Männern fast doppelt so hoch wie bei Frauen (Abb. 3). Die häufigsten Krebsarten bei Männern sind Prostatakrebs, Lungenkrebs und Darmkrebs. Bei Frauen treten Brustkrebs, Darmkrebs und Gebärmutterkrebs am häufigsten auf.

Als **Autoimmunkrankheiten** werden Krankheiten bezeichnet, bei denen Zellen des Immunsystems gegen bestimmte Zellen des eigenen Körpers vorgehen. Die genauen Ursachen sind noch nicht vollständig geklärt. Zu den Autoimmunkrankheiten gehören unter anderem Diabetes vom Typ I, Multiple Sklerose und die rheumatoide Arthritis.

Diabetes vom Typ I ist eine Form der Zuckerkrankheit, die schon in jungen Jahren auftreten kann. Dabei tötet das Immunsystem die insulinproduzierenden Zellen in der Bauchspeicheldrüse ab. Insulin senkt den Blutzuckerspiegel. Wird bei einem Diabetes vom Typ I nicht künstlich Insulin zugeführt, kommt es zu überhöhten Blutzuckerwerten, die langfristig große Schäden im Körper bewirken. Fünf Prozent aller Diabetiker leiden an diesem Typ des Diabetes.

Multiple Sklerose ist eine Krankheit, bei der die T-Zellen Nervenzellen im Gehirn und Rückenmark angreifen und durch die damit verbundenen Entzündungen schwere Schäden hervorrufen können. Die Krankheit tritt in Schüben auf, wobei nach jedem Schub die Behinderungen zunehmen. Sie kommen zustande, weil durch abgestorbene Nervenzellen die Bewegungskoordination zunehmend verloren geht. Stress und körperliche Belastungen erhöhen das Risiko eines erneuten Krankheitsschubs. Es gibt circa 80 Multiple-Sklerose-Patienten auf 100 000 Einwohner.

Auch die rheumatoide Arthritis tritt in Schüben auf, die durch Stress und körperliche Belastungen begünstigt werden. Dabei wird das Bindegewebe in den Gelenken, meist in den Füßen und an den Fingern, von den Zellen des Immunsystems angegriffen und entzündet sich. Es kommt dadurch zu Gewebeveränderungen und Deformationen der Gelenke (Abb. 4).

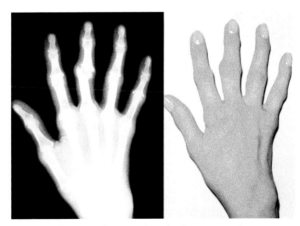

4 *Gelenkveränderung durch rheumatoide Arthritis*

127

1 *a) Zeckenlarve, b) Zeckenlarve in Lauerstellung, c) Zecke beim Blutsaugen*

Zecken gehören zu den Spinnentieren (Abb. 1). Sie leben als Parasiten. **Parasiten** sind Lebewesen, die einseitig auf Kosten ihrer Wirte Vorteile für das eigene Leben in Anspruch nehmen. Zecken saugen Blut von warmblütigen Tieren. Häufige Wirte sind Mäuse, Igel, Rehe, Rotwild und Vögel. Da Zecken außerhalb des Wirtskörpers leben, zählt man man sie zu den **Ektoparasiten.**

Die Entwicklung einer Zecke dauert in der Regel zwei bis drei Jahre, bei ungünstigen Bedingungen kann sie bis fünf Jahre in Anspruch nehmen. Dabei können die Tiere bis zu zwei Jahre hungern. Aus den Eiern, die zum Beispiel an Grashalmen kleben, schlüpfen die etwa 0,5 mm großen Larven. Die junge Zeckenlarve sitzt auf Gräsern und wartet, bis ein geeigneter Wirt vorüberkommt, auf den sie wechselt. Nach einer ersten Blutmahlzeit, die mehrere Tage dauert, verlässt sie den Wirt. Durch mehrwöchige Reifung und eine Häutung wird sie zu einer 1,5 mm großen Larve. Erneut begibt sie sich in Lauerstellung an Gräsern oder niedrigen Zweigen bis 50 cm Höhe. Nach einer zweiten Blutmahlzeit entwickelt sich das geschlechtsreife Tier. Dieses sucht sich seine Lauerstellung in bis maximal 150 cm Höhe. Während die geschlechtsreifen Männchen nur wenig Blut saugen, nimmt das Weibchen bei einem Wirt bis zum 200-Fachen seines Gewichtes an Blut auf. Während es saugt, gibt das Weibchen Duftstoffe, so genannte Pheromone, ab, um Männchen anzulocken. Nach der Paarung legt das Weibchen circa 3000 Eier ab, die es an Grashalme klebt. Die erwachsenen Tiere sterben anschließend.

Zecken nehmen ihre Wirte durch ein Organ wahr, das am vorderen Beinpaar sitzt und auf Geruchsstoffe des Schweißes reagiert. Außerdem können sie Änderungen der Kohlenstoffdioxidkonzentration in der Luft bei der Annäherung eines Tieres feststellen. Zum Saugen bevorzugen Zecken weiche, warme Hautpartien. Beim schmerzfreien Stich gelangen mit dem Speichel entzündungshemmende und blutgerinnungshemmende Substanzen in die Wunde des Wirtes. Widerhaken am Stechapparat verhindern, dass die Zecke vorzeitig abfällt. Nach Beendigung des Blutsaugens lässt sie von selbst los und verlässt den Wirt.

Zecken können Krankheiten übertragen, indem mit ihrem Speichel Viren oder Bakterien in den Wirt gelangen. Die gefährlichsten dieser Krankheiten sind die Lyme-Borreliose und eine Hirnhautentzündung, die FSME (Abb. 2).

Lyme-Borreliose. Die Krankheit wird von Borreliose-bakterien hervorgerufen. Mit Borreliose infizierte Zecken gibt es in ganz Deutschland. 5-35 % der Zecken sind infiziert. Die Bakterien befinden sich im Darm der Zecke und gelangen beim Blutsaugen in den Wirt. Die Infektionsgefahr bei Lyme-Borreliose ist, wenn eine Zecke in den ersten 24 Stunden nach dem Biss entfernt wird, sehr gering. Sie nimmt dann mit steigender Saugzeit langsam zu, da es längere Zeit dauert, bis genügend Bakterien für eine Infektion in den Wirt gelangen. Die Krankheit beginnt meist mit einer ringförmigen Rötung um die Stichstelle und grippeähnlichen Symptomen. Unbehandelt kann es noch Monate später zu Herz- und Gelenkproblemen kommen. Auch das zentrale Nervensystem kann er-kranken. Die Krankheit wird mit Antibiotika bekämpft. Es ist keine vorbeugende Impfung möglich.

Frühsommer-Meningoenzephalitis (FSME). Die Krankheit ist eine Hirnhautentzündung und wird von Viren ausgelöst, die sich in den Speicheldrüsen infizierter Zecken befinden. Auch hier steigt mit zunehmender Saugzeit der Zecken das Infektionsrisiko. Im Schnitt sind 1 % der Zecken in Risikogebieten infiziert. Die Symptome sind zunächst grippeähnlich. Je nach Schwere der Erkrankung reichen sie anschließend von schweren Kopfschmerzen mit Fieber bis hin zu Bewusstseinstörungen, Koma und sogar Todesfolge. Eine vorbeugende Impfung ist möglich.

2 *Von Zecken übertragene Krankheiten*

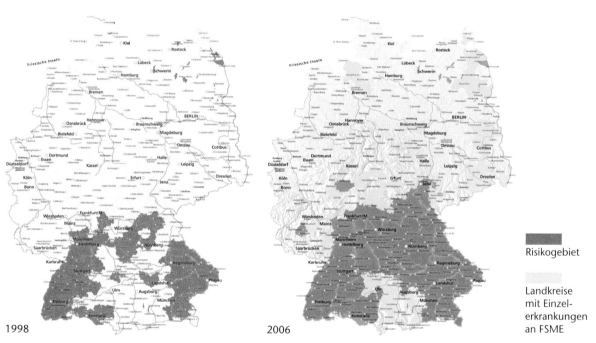

1998　　　　　　　　　　　　　　　　2006

■ Risikogebiet

Landkreise mit Einzel-erkrankungen an FSME

3 *Verbreitungsgebiete von FSME in Deutschland*

1 **Die Entwicklung der Zecken.** Fertige mithilfe der Informationen aus dem Grundwissentext ein allgemeines Schema zur Entwicklung und Fortpflanzung der Zecke an. Ordne den Menschen als Wirt in das Schema ein.

2 **Die Zecke als Krankheits-überträger.**
a) Vergleiche die Karten in Abbildung 3. Stelle Hypothesen auf, wie Zecken von Borreliose- und FSME-Erregern infiziert werden können. Stelle Hypothesen auf, wie es zu der Ausdehnung der FSME-Risikogebiete kommen konnte.

b) Leite anhand der Abbildungen 2 und 3 und des Grundwissentextes Verhaltensweisen ab, um das Erkrankungsrisiko für Borreliose und FSME zu minimieren. Begründe deine vorgeschlagenen Maßnahmen.

Zusammenfassung: Biologische Prinzipien zum Thema „Immunbiologie"

Die nachfolgenden Sachverhalte stammen aus dem Kapitel „Immunbiologie". Die biologischen Prinzipien sind in diesem Buch auf der Methodenseite „Arbeiten mit biologischen Prinzipien" erläutert.

1 Aufgabe: Ordne jedem der nachfolgenden Sachverhalte ein biologisches Prinzip oder mehrere biologische Prinzipien zu. Begründe die von dir gewählte Zuordnung.
Biologische Prinzipien:
– Struktur und Funktion
– Energieumwandlung
– Zelluläre Organisation
– Reproduktion
– Information und Kommunikation

1. Bakterien können sich unter günstigen Bedingungen sehr schnell durch Teilung vermehren. Manche Bakterien können Entzündungen oder Krankheiten hervorrufen.

2. Bakterien nehmen Nährstoffe über ihre Zelloberfläche auf. Sie geben Stoffwechselprodukte an ihre Umgebung ab. Manche davon sind für uns Menschen giftig.

3. Antibiotika sind Substanzen, die speziell Bakterien abtöten, ohne die Zellen von Menschen und Tieren zu schädigen. Antibiotika werden benutzt, um bakterielle Infektionskrankheiten zu bekämpfen. Manche Antibiotika greifen so in den Stoffwechsel von Bakterien ein, dass keine neue Bakterienzellwand gebildet werden kann.

4. Bei Bakterien und Viren ereignen sich Mutationen relativ häufig. Durch zufällige Mutationen haben manche Bakterien genetisch Resistenz erworben. Kommt nun das Antibiotikum, gegen das sie resistent sind, in ihre Umwelt, können sich diese Bakterien weiter vermehren, nicht aber diejenigen Bakterien, die die Resistenz nicht in ihrer Erbinformation verankert haben.

5. Viren, wie zum Beispiel das Grippevirus (Influenzavirus), sind keine Lebewesen. Sie haben keinen eigenen Stoffwechsel. Zur Vermehrung sind sie auf Wirtszellen angewiesen. Durch die eingedrungene Virus-Erbinformation wird der Stoffwechsel der Wirtszelle so umprogrammiert, dass die Wirtszelle massenhaft neue Viren produziert.

6. Bestimmte weiße Blutzellen, die B- und T-Lymphozyten, sind Träger der spezifischen Immunabwehr, die sich gezielt gegen bestimmte körperfremde Stoffe, die Antigene, richtet. Bei ihrer Reifung „lernen" diese Zellen die Unterscheidung von körpereigen und körperfremd. Jeder Mensch hat auf der Oberfläche seiner Zellen bestimmte Proteine, die die Zellen wie eine Erkennungsmarke als körpereigen ausweisen. Alle Zellen oder Stoffe, die diese Oberflächen-Proteine nicht haben, werden als körperfremd erkannt und bekämpft.

7. T- und B-Lymphozyten reagieren spezifisch nur auf solche Antigene, die nach dem Schlüssel-Schloss-Prinzip zu Rezeptoren auf der Oberfläche der Lymphozyten passen. Es gibt hunderttausende von T- und B-Zellen, die sich in ihren Rezeptoren für Antigene unterscheiden.

8. Wenn ein B-Lymphozyt mit seinen Rezeptoren Kontakt mit einem passenden Antigen hatte, teilt er sich häufig und bildet Antikörper. Das sind Proteine, deren Bindungsstellen die gleiche Form wie die Rezeptoren an der Oberfläche des B-Lymphozyten haben. Antikörper passen mit ihren Bindungsstellen zum Antigen wie ein Schloss zum Schlüssel.

9. Bei Organtransplantationen kann es zur Abstoßungsreaktion des Empfängers auf das gespendete Organ kommen. Dabei bekämpft das Immunsystem das Spenderorgan als körperfremde Substanz.

10. Bei der aktiven Immunisierung werden abgeschwächte oder abgetötete Erreger oder Bruchstücke ihrer Oberfläche geimpft. Sie lösen eine Immunreaktion aus, bei der langlebige Gedächtniszellen gegen das spezifische Antigen gebildet werden. Bei erneutem Kontakt mit dem Antigen teilen sich die Gedächtniszellen sehr rasch und bilden reichlich Antikörper.

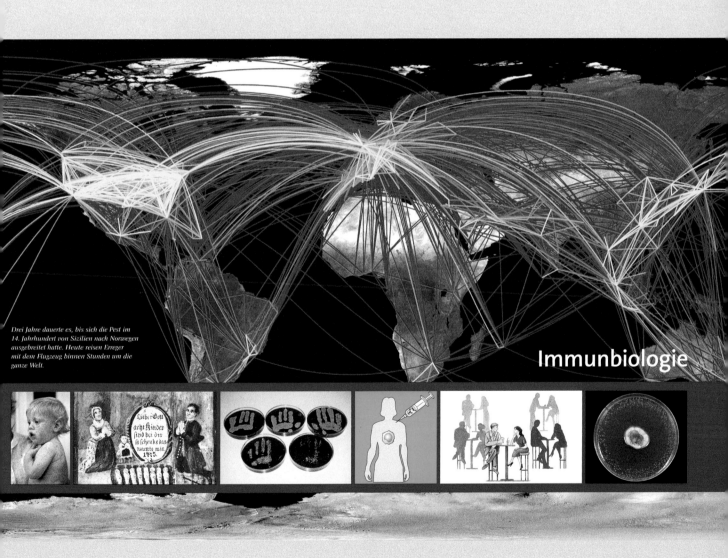

Drei Jahre dauerte es, bis sich die Pest im 14. Jahrhundert von Sizilien nach Norwegen ausgebreitet hatte. Heute reisen Erreger mit dem Flugzeug binnen Stunden um die ganze Welt.

Immunbiologie

Sucht

8 Die Sucht nach Drogen

8.1 Die Entstehung von Drogensucht

Die Entstehung einer Drogensucht zu erklären ist nicht einfach. Man hat zu diesem Zweck verschiedene Modelle entwickelt. Eines davon ist das 4M-Modell (Abb. 1). Ein Vorteil dieses Modells ist, dass es die vier Bereiche Mensch, Milieu, Mittel und Markt berücksichtigt. So wird deutlich, dass man die Gründe für die Entstehung einer Sucht nicht allein in der betreffenden Person finden kann. Aber auch ein aus Rauchern bestehender Freundeskreis macht aus einem Jugendlichen nicht automatisch einen Raucher. Wichtig ist zusätzlich, wie leicht der Jugendliche an die Zigaretten kommt und ob er sie überhaupt bezahlen kann.

Mensch
Das Selbstwertgefühl eines Menschen und seine Möglichkeiten, Belastungen zu ertragen, Probleme zu lösen, Gefühle auszudrücken sowie Beziehungen zu anderen Menschen zu knüpfen, sind entscheidende Faktoren, die an der Entwicklung einer Sucht beteiligt sind oder sie verhindern können.

Mittel
Auch die Droge selbst ist an der Entwicklung einer Abhängigkeit beteiligt.
Dabei sind folgende Fragen wichtig:

– Wie wirkt die Droge?
– Wie muss sie aufgenommen werden?
– Wie schnell gewöhnt sich der Körper an die Droge?
– Welche Begleit- und Entzugserscheinungen treten auf?

Milieu
Unter Milieu versteht man die Umgebung, den Lebensbereich eines Menschen.

Auch Vorbilder, die einen Menschen stark beeinflussen, sind an der Entwicklung eines Suchtverhaltens beteiligt. Zum Milieueinfluss zählen insbesondere die Familie, Freunde und Freundinnen, die Clique sowie die Gesellschaft mit bestimmten Trinkbräuchen, Gesetzen und Modevorschriften.

Markt
Das Drogenangebot, der Preis und die Werbung für Drogen sind nicht zu unterschätzende Faktoren bei der Entwicklung einer Sucht.

1 *4M-Modell zur Entstehung einer Drogensucht*

„In der Schule lief es damals gar nicht gut. Meine Mutter sagte dauernd: ‚Mensch, Max, wenn du dich nicht endlich anstrengst, versaust du dir dein ganzes Leben. Du kannst nicht immer nur Spaß haben, sondern musst auch etwas leisten. Eine Lehrstelle
5 oder gar einen Studienplatz kannst du mit deinem Zeugnis vergessen. Glaubst du, dass du mit dieser Haltung später einmal eine Frau bekommen wirst?' So richtig angefangen hat es mit dem Alkohol nach unseren Fußballspielen im Vereinsheim. Als wir mit der B-Jugend Meister geworden waren, kam unser Trainer mit zwei
10 Kisten Bier zu uns in die Kabine. Wir feierten ausgelassen und tranken gemeinsam. Wir tranken eine Runde nach der anderen. Und plötzlich merkte ich, dass ich mich verändert hatte. War ich sonst eher schüchtern, so war ich jetzt völlig aufgedreht und akzeptiert. Wir hatten alle einen unheimlichen Spaß miteinander. Und auch
15 den Mädchen, die mittlerweile zu uns ins Vereinsheim zum Feiern gekommen waren, fiel meine Veränderung auf. Sonja kam sogar auf mich zu und sagte: ‚Mensch, du bist ja heute gar nicht so langweilig wie sonst! Du kannst ja echt cool sein!' In den nächsten Wochen fing ich an, regelmäßig zu trinken. Ich wollte einfach immer
20 ein cooler Typ sein. Dabei merkte ich zunächst gar nicht, dass ich immer mehr trank. Aus zwei Bier wurden drei, vier und schließlich fünf Bier. Und das jeden Abend! Der Alkohol half mir aber nicht nur, meine Schüchternheit zu besiegen. Immer häufiger griff ich in unangenehmen Situationen zur Flasche. Auch die lästigen Haus-
25 aufgaben fielen mir so viel leichter. Meine Eltern haben von alldem überhaupt nichts bemerkt. Wohl auch, weil sie selbst gern einen tranken. Und im Supermarkt hat auch niemand nach unserem Ausweis gefragt, wenn wir neuen Alkohol holten. Zum Glück bekam ich viel Taschengeld. Wohl aus schlechtem Gewissen, denn
30 meine Eltern waren nur selten zu Hause, weil sie den ganzen Tag in unserem Angel- und Bastelwaren-Geschäft arbeiteten. Die Schule habe ich schließlich geschmissen und eine Ausbildung als Einzelhandelskaufmann angefangen. Leider hat mich mein Chef vor zwei Wochen beim Wodka Trinken während der Arbeitszeit
35 erwischt. Wenn er mich noch einmal mit einer Fahne bei der Arbeit antrifft, schmeißt er mich raus. Hoffentlich halte ich durch!"

2 *Alkoholsucht: Aus einem Interview mit Max S.*

1 Gedanken zum Foto.
Betrachte das Hintergrundfoto in Abbildung 1. Schreibe deine Gedanken über Zusammenhänge zwischen Foto und Sucht auf.

2 Analyse eines Fallbeispiels.
Erkläre mithilfe des 4M-Modells die in Abbildung 2 dargestellte Entwicklung der Alkoholsucht von Max S.

3 Das Eisberg-Modell. Neben dem 4M-Modell gibt es weitere Modelle, mit deren Hilfe man versucht, die Ursachen und Bedingungen einer Sucht zu ergründen. Das in Abbildung 3 dargestellte Eisberg-Modell ist eines davon.
a) Zeichne Abbildung 3 ab.
b) Erläutere das Modell und ergänze im unteren Teil weitere sinnvolle Begriffe.
c) Diskutiere Vor- und Nachteile des Modells bei der Erklärung von Sucht.

4 Sucht und Sehnsucht.
Nimm Stellung zu folgender Aussage: „Sucht kommt nicht von Drogen, sondern von unerfüllter Sehnsucht, gestorbenen Träumen, zerstörten Illusionen, verdrängten Gefühlen, zurückgehaltenen Tränen und heruntergeschluckter Wut."

Sucht	sichtbarer Bereich
…	unsichtbarer Bereich

Beziehungsprobleme

… … …

3 *Das Eisberg-Modell zum Drogenkonsum*

Ein Portfolio anlegen

Ein Portfolio ist eine Mappe, in der du Materialien zu einem Thema sammelst. Begleitend zum Unterricht kannst du eigene Materialien anfertigen und sie gemeinsam mit weiteren Unterlagen aus dem Unterricht sinnvoll zusammenstellen. Was du zusammenträgst, hängt von deinem persönlichen Interesse, deiner Kreativität und deiner Fähigkeit ab, das Gelernte in einer Form zu präsentieren, die originell und überzeugend ist.

Überlege dir zunächst, welches Ziel du mit deinem Portfolio verfolgst. Wichtig ist, dass du die zur Verfügung stehende Zeit realistisch einschätzt. Wenn du vier Wochen Zeit hast, dann solltest du dir ein Ziel vornehmen, das auch in dieser Zeit zu verwirklichen ist. Zielformulierungen könnten z. B. lauten:

„In den nächsten vier Wochen möchte ich zeigen, welche Möglichkeiten es gibt, mit täglichen Problemen und Konflikten umzugehen, ohne Drogen zu nehmen oder süchtiges Verhalten zu zeigen."

„In den kommenden vier Wochen möchte ich mein Wissen über eine Drogensucht (Heroinsucht) und eine Verhaltenssucht (Abenteuersucht) vertiefen."

„Die Weltgesundheitsorganisation (WHO) versteht unter Gesundheit einen ‚Zustand vollkommenen körperlichen, sozialen und geistigen Wohlbefindens'. – In den nächsten vier Wochen möchte ich verschiedene Möglichkeiten erarbeiten, in diesem Sinne ein gesundes Leben zu führen."

Gestalte anschließend ein passendes Deckblatt und notiere darauf dein Ziel. In dein Portfolio kannst du alle „Dokumente" aufnehmen, die dem Erreichen deines Ziels dienen. Diese Dokumente können z. B. Textausschnitte aus Büchern, Zeitungsausschnitte, Material aus dem Internet, Beschreibungen von Unterrichtssituationen, Ergebnisse von Gruppenarbeiten, ein Bericht über eine Fernsehsendung und natürlich auch eigene Überlegungen zum Thema sein. Entscheidend ist, dass nicht irgendetwas gesammelt wird, sondern eine begründete Auswahl getroffen wird. Damit du nicht zu viel Material zusammenstellst, prüfe jeweils, ob du mit dem Material deinem Ziel näher kommst. Wenn dies nicht der Fall ist, nimmst du es nicht in deine Sammlung auf. Stellst du aber fest, dass das neue Material besser geeignet ist als das alte, tauschst du es aus. Diesen Austausch vermerkst du dann in einem „mitwachsenden" Inhaltsverzeichnis und begründest ihn.

In regelmäßigen Abständen, z. B. jede Woche, solltest du mit deinen Mitschülern oder deinem Lehrer/deiner Lehrerin betrachten, welches Ziel du dir gesetzt hast und was du bisher erreicht hast. Solltet ihr hierbei feststellen, dass die Zeit nicht ausreichen wird, denkt gemeinsam über eine neue Zielformulierung nach oder arbeite verstärkt an deinem Portfolio.

Am Ende deiner Arbeit wird in einem Schlusstext dargestellt, was dir beim Anfertigen des Portfolios besonders viel Spaß gemacht hat und was dir schwergefallen ist. Auch auf einzelne Materialien kannst du hier nochmals eingehen. Welches Material gefällt dir am besten? An welchem Material hast du am meisten gelernt?

> – Was hat mich veranlasst, dieses Material anzufertigen bzw. auszuwählen?
> – Welche neuen Erkenntnisse habe ich mit dem Material gewonnen?
> – Wo gab es beim Anfertigen dieses Materials für mich Probleme? Was habe ich beim Lösen dieser Probleme gelernt?
> – Weshalb passt das Material zu meinem Ziel?
> – Welche Fragen sind für mich bei diesem Material noch offen?
> – Wenn ich dieses Material noch einmal erstellen könnte, was würde ich anders machen?

1 *Diese Fragen helfen dir, die Auswahl deiner Materialien zu begründen*

Seite 1

Portfolio zum Thema:
"Suchtgefahren und Gesundheit" von ...

Mein Ziel

In den nächsten vier Wochen möchte ich zeigen, welche Möglichkeiten es gibt, mit täglichen Problemen und Konflikten umzugehen,
ohne Droge

Seite 2

Inhaltsverzeichnis

Seite 3: Problem- und Konflikt-Tagebuch eines ganz normalen
      Montags. Was passiert ist und wie ich reagiert habe.

Seite 4: „Alltagsbeobachtung" (selbst verfasstes Gedicht)

Seite 5: „Gemeinsam statt einsam"
      (Foto meiner Tonplastik aus dem Kunstunterricht)

6: ~~Verhaltenssüchte~~
   ersetzt durch: Wo zeigen wir im Alltag süchtiges Verhalten?
   Was könnten wir stattdessen tun?
   (Begründung: Ich habe das Material „Verhaltenssüchte" aus
   dem Portfolio genommen und ersetzt, weil es nur allgemein
   die verschiedenen Formen auflistet, ohne zu zeigen, wo sie
   auftreten und was man dagegen tun kann. Dies ist aber gerade
   das Ziel, das ich mit diesem Portfolio verfolge.)

7: ~~Legale und illegale Drogen~~
   ersetzt durch: Was kann ich dagegen tun, wenn mich meine
   Freunde zum Rauchen überreden wollen?
   (Begründung: Ich habe das erste Material ersetzt, weil es hier
   nicht um die verschiedenen Drogenarten gehen soll, sondern
   um Möglichkeiten, wie deren Konsum vermieden werden kann.
   Deshalb habe ich das Beispiel zum Rauchen und Gruppenzwang neu in mein Portfolio aufgenommen.)

8: So geht es nicht! (Ein Auszug aus Ann Ladiges' Jugendbuch
   „Hau ab, du Flasche!")

eyer (Text und Noten)

Seite 7

Was kann ich dagegen tun, wenn mich meine Freunde zum Rauchen
überreden wollen?

Bei meinen Freunden erfahre ich Anerkennung und Zuneigung.
Gemeinsam etwas zu unternehmen macht viel Spaß. Mit ihnen fühle
ich mich stark. Aber muss ich auch das mitmachen, was mir nicht gefällt? Muss ich z.B. auch rauchen, nur weil die meisten in der Gruppe
auch rauchen?

Ich kann einfach mitmachen, rauchen und
– meine eigene Abneigung gegen das Rauchen verdrängen,
– mich vor der Auseinandersetzung mit meinen Freunden drücken,
– meinen Ärger über den Zwang, den meine Freunde auf mich

Seite 10

Probleme gehören zum Leben – Lösungen auch

Die folgenden Ratschläge können bei d
innerhalb einer Gruppe helfen:

1. Der Ort des Gesprächs sollte möglich
   Alle Beteiligten sollen sich gleich wohl
2. Der Zeitpunkt muss geeignet sein. Je
   Zeit und Ruhe mitbringen, damit das
   geführt werden kann.
3. Das Problem muss genau benannt w
4. Jede und jeder spricht für sich. Wenn
   muss sie bzw. er die Möglichkeit zum
5. Die wenigsten Probleme haben nur e
   Beteiligten zunächst alle möglichen L
   sammen. Die unterschiedlichen Vors
   bewertet oder abgelehnt werden.
6. Gemeinsam werden die Lösungsvors
   alle leben können.
7. Gemeinsam gefundene Lösungen sir
   zu werden. Also muss auch jede und
   dem Gespräch auch Taten folgen. Da
   am besten sofort die Aufgabenverteil
   weiß, was sie und er zu tun hat.

2 Beispielseiten

Rückmeldung

Meine Eindrücke zu deinem Portfolio
von _____
an _____

– Das hat mir an deinem Portfolio gut gefallen:

  _____

  _____

– Das hat mir nicht ganz so gut gefallen:

  _____

  _____

– Das habe ich anhand meines Portfolios gelernt:

  _____

  _____

– Außerdem ist mir an deinem Portfolio noch Folgendes aufgefallen:

  _____

  _____

8.2 Die soziale Seite der Sucht

Maike und Uwe, beide 16 Jahre alt, sind seit drei Wochen zusammen. Schnell hat Maike bemerkt, dass ihr neuer Freund häufig Bier trinkt. Ihr Gespräch ist auf der linken Seite wiedergegeben. Rechts ist der Kommentar eines Pädagogen zu diesem Gespräch abgedruckt.

MAIKE: Ich finde es schrecklich, dass du offensichtlich auf jeder Party betrunken bist.

UWE: Ich weiß gar nicht, was du dagegen hast, wenn ich auf Partys ein paar Bier trinke.

5 MAIKE: Alkohol ist total ungesund. Das weißt du doch genau.

UWE: So viel, dass es ungesund sein könnte, trinke ich ja nicht. Guck mich doch an, sehe ich etwa krank aus? Außerdem trinken alle meine Freunde Alkohol auf Partys.

10 MAIKE: Mit meinen Freunden aus unserem Basketball-Team feiere ich auch oft. Da muss allerdings keiner Alkohol trinken, um akzeptiert zu werden. Wenn alle trinken, bist du doch gerade dann cool, wenn du es nicht machst.

UWE: Wenn ich es nicht mache, bin ich nicht cool,

15 sondern raus aus unserer Clique! Und das will ich nicht. In der Clique sind nämlich alle immer gut drauf!

MAIKE: Glaubst du denn, ich sei immer schlecht drauf? Und überhaupt: Wer sagt denn, dass du immer gut drauf sein musst? Ich mag dich doch auch, wenn du mal nicht

20 so gut drauf bist.

UWE: Ich höre andauernd „immer". Ich geh mit meinen Freunden doch nur am Wochenende auf Partys und auch nur dann trinke ich etwas.

MAIKE: Etwas? Du hättest dich gestern mal sehen

25 sollen! Bei einigen aus eurer Clique habe ich das Gefühl, dass sie erst richtig auftauen und den Mund aufkriegen, wenn sie ein paar Bier intus haben. Doch nicht nur das, mittlerweile trinken einige schon nachmittags nach der Schule!

30 UWE: Du meinst Martin und Jens. Was sollen die denn auch sonst machen? Den ganzen Tag bei ihren Eltern herumhängen? Mit denen streiten sie sich doch nur von morgens bis abends. Und in dem Dorf, in dem sie wohnen, können sie nichts machen, außer im Bushäuschen

35 abzuhängen, zu reden und ein Bier zu trinken.

MAIKE: Sie könnten ja zur Abwechslung auch mal etwas Sinnvolles machen. Von Jens weiß ich, dass er dieses Schuljahr wiederholen muss, wenn er so weitermacht. Mit dem Zeugnis bekommt er bestimmt keinen

40 Ausbildungsplatz.

UWE: Oh, jetzt redest du schon wie meine Eltern!

A: Bereits hier wird deutlich, dass Jugendliche sich durchaus der gesundheitlichen Gefahren des Alkohols bewusst sind. Offensichtlich schätzen sie jedoch die vermeintlichen „Vorteile" wie z.B. soziale Anerkennung als höherwertig ein.

B: Hier geht es um die Funktion des Alkoholkonsums: Er dient als Mittel, um den Zusammenhalt innerhalb einer Gruppe herzustellen. Gleichzeitig demonstrieren die jugendlichen Konsumenten damit Stärke und Unabhängigkeit.

C: Die gesellschaftlichen Werte und Erwartungshaltungen üben einen großen Druck auf die Menschen aus. Zu hinterfragen ist, wie Maike dies richtigerweise tut, inwieweit wir diesen Erwartungen jederzeit entsprechen müssen. Wichtig sind hierbei auch die Werbung und die Medien, die bestimmte Bedürfnisse erst erzeugen und so die Menschen innerhalb einer Gesellschaft bewusst beeinflussen, um damit viel Geld zu verdienen.

D: Auch hier wird die enorme soziale Bedeutung des Alkoholkonsums deutlich: Alkohol wirkt oft enthemmend und spannungsregulierend. Selbst ein ansonsten schüchterner Mensch geht im betrunkenen Zustand auf die Menschen zu. Die hierbei erfahrene soziale Anerkennung führt zu einer Steigerung seines Selbstwertgefühls. Leider bleibt dieses Gefühl meist auf den Rauschzustand begrenzt, so dass dieser Zustand immer wieder angestrebt wird und sich so eine Alkoholsucht entwickeln kann.

E: Typisch für die Situation vieler Jugendlicher in unserer heutigen Leistungsgesellschaft ist das Fehlen von Möglichkeiten, Abenteuer und Spannung zu erleben.

F: Viele Jugendliche machen sich bereits Gedanken über ihre Zukunft, während sie noch auf der Suche nach sich selbst sind. Dabei fehlen ihnen häufig Vorbilder, an denen sie sich orientieren können. Die Eltern kommen als Vorbilder immer weniger in Frage, weil die Jugendlichen sich von diesen zunehmend abzugrenzen versuchen.

138

1 **Soziale Einflüsse.** Suche die Zeilen im Gespräch zwischen Uwe und Maike heraus, auf die sich die Kommentare A bis F des Pädagogen beziehen.

2 **Ich sage, was ich möchte.** Bekenne dich zu deiner eigenen Meinung. Erwarte aber von den anderen nicht, dass sie deine Meinung teilen. Hierbei ist es bereits sehr hilfreich, wenn du Ich-Aussagen statt verschlüsselter Botschaften formulierst. Ändere z. B.:
– Glaubst du nicht auch, du solltest ...? in: Ich glaube, es wäre besser, wenn ...
– Jeder glaubt, dass ... in: Ich glaube, dass ...
Formuliere weitere Beispielsätze um.

3 **Umgang mit Gruppenzwang.** Gebt an, welche Gefühle durch die einzelnen Fragen in Abbildung 1 angesprochen werden. Denkt euch selbst ähnliche Fragen aus, schreibt sie auf Karten und verteilt sie an eure Mitschüler.

Was machst du,
– wenn sich die meisten deiner Mitschülerinnen und Mitschüler auf eurer Klassenfahrt nachts heimlich zum Rauchen und Trinken treffen?
– wenn deine besten Freundinnen bzw. Freunde dich mit der Bemerkung begrüßen: „Du hast ja schon wieder zugenommen"?
– wenn dein Freund/deine Freundin sich nicht mehr mit dir trifft, weil seine/ihre Clique das so möchte?
– wenn dir auf einer Party eine Zigarette angeboten wird, obwohl alle wissen, dass du gar nicht rauchst?
– wenn du den Verdacht hast, dass in deiner Clique gekifft wird?

1 *Umgang mit Gruppenzwang*

Wer an die Reihe kommt, liest seine Karte laut vor und versucht, sie zu beantworten.

4 **Alkohol und Autofahren.** Schon kleinste Mengen Alkohol beeinflussen das Gehirn (Abb. 2). Mit bis zu 0,5 ‰ Blutalkohol ist bei uns das Autofahren nach einer 2-jährigen Probezeit erlaubt. Während der Probezeit gilt eine 0 ‰-Grenze.
a) Welche Gründe sprechen für die 0,5 ‰-Grenze?
b) Was spricht für eine 0 ‰-Grenze während der Probezeit?

5 **Argumente gegen einen übermäßigen Alkoholkonsum.** Du gehst mit deinem Freund oder deiner Freundin auf eine Party. Auf früheren Partys hast du keinen Alkohol getrunken und möchtest auch heute nicht damit anfangen. Plötzlich kommt dein Freund oder deine Freundin von der Theke zurück und fordert dich zum Trinken auf. Spielt diese Szene im Rollenspiel nach und verwendet dabei Argumente dieser Doppelseite.

unter 0,5 ‰ :
Die Fähigkeit zur Raumabschätzung nimmt ab. Jugendliche und ältere Menschen sind besonders gefährdet. Die Unfallgefahr im Straßenverkehr erhöht sich um das Fünffache.

0,5 ‰ – 0,8 ‰ :
Abnahme der Anpassungsfähigkeit der Augen an wechselnde Lichtverhältnisse. Die Empfindlichkeit der Augen für rotes Licht lässt nach. Bei einer Geschwindigkeit von nur 50 km/h verlängert sich der Anhalteweg um 14 m, weil sich die Reaktionszeit verlängert.
0,8 ‰ – 1,2 ‰ :
Beginn der Euphorie und Enthemmung mit Überschätzung der eigenen Fähigkeiten. Das Blickfeld verengt sich erheblich. Der Angetrunkene nimmt nicht mehr ausreichend wahr, was auf ihn zukommt. Die Wahrnehmung von Gegenständen und die Raumabschätzung verringert sich stark. Die Hell-Dunkel-Reaktion der Augen ist erheblich gestört. Durch Blendung vom Gegenverkehr werden Menschen und Gegenstände zu spät wahrgenommen.

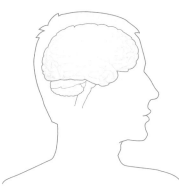

Das Gehirn ist beim Trinken von Alkohol unmittelbar betroffen. Bei einem 80 kg schweren Mann erreicht der Blutalkoholspiegel nach 1 Liter Bier ca. 0,6 ‰. Bei einer 60 kg schweren Frau erreicht der Blutalkoholspiegel nach 1 Liter Bier ca. 1‰.

1,2 % – 2,4 ‰ :
Erhebliche Minderung von Aufmerksamkeit und Konzentrationsfähigkeit. Deutlich ausgeprägte Euphorie und Enthemmung mit maßloser Überschätzung der eigenen Fähigkeiten. Stark verzögerte und gestörte Reaktionsabläufe. Leichte bis schwere Gleichgewichtsstörungen. Beginn der absoluten Fahruntüchtigkeit.

2,4 ‰ – 3,0 ‰ :
Ausgeprägte Gleichgewichts- und Koordinationsstörungen. Schwer gestörte und verzögerte Reaktionsabläufe. Verminderte Erinnerungsfähigkeit, schwere Beeinträchtigung der Orientierungs- und Wahrnehmungsfähigkeit. Völliger Erinnerungsverlust und Bewusstseinseintrübung bis zur Bewusstlosigkeit.

über 3 ‰ :
Schwere akute Alkoholvergiftung mit Erinnerungslücken bis zum völligen Erinnerungsverlust. Bleibende organische Schäden sind möglich. Tiefe, eventuell tödlich verlaufende Bewusstlosigkeit.

2 *Wirkungen des Alkohols auf das Gehirn*

8.3 Essstörungen – Magersucht und Ess-Brech-Sucht

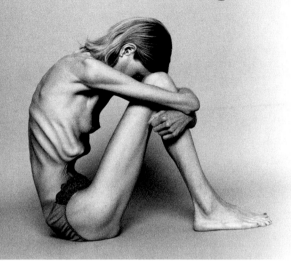

1 *Magersucht*

Mit **Magersucht** wird eine krankhafte Essstörung bezeichnet, bei der eine Person ein Körpergewicht herbeiführt, das mindestens 15 Prozent unter dem Normalgewicht liegt. Magersüchtige versuchen so wenig wie möglich zu essen. Außerdem versuchen viele Magersüchtige, einen Gewichtsverlust durch Erbrechen, durch übertriebene körperliche Aktivität oder durch Medikamente wie Appetitzügler und Abführmittel herbeizuführen.

Magersüchtige leiden an einer Störung der Wahrnehmung des eigenen Körpers. Obwohl sie bereits extrem an Gewicht verloren haben, halten sie sich für zu dick (Abb. 1). Aufgrund der verzerrten Körperwahrnehmung verändert sich das Essverhalten. Die Betroffenen bemühen sich, weiter abzunehmen. Sie entwickeln eine extreme Angst, an Gewicht zuzunehmen. Das Vermeiden von Essen, die Kontrolle des Körpergewichts im Grammbereich und die Kontrolle von Hungergefühlen nehmen den zentralen Stellenwert in ihrem Leben ein. Der Gewichtsverlust und die Mangelernährung können schwerwiegende körperliche Veränderungen nach sich ziehen. Die Menstruation bleibt aufgrund hormoneller Störungen aus. Niedriger Blutdruck, verlangsamter Herzschlag, sinkende Körpertemperatur, Hautprobleme, Muskelschwäche und Haarausfall sowie Erkrankungen durch Vitamin- und Mineralsalzmangel begleiten häu-

fig eine Magersucht. Magersüchtige sind häufig in einem Teufelskreis gefangen: Schon eine Zunahme von wenigen Gramm kann Panik auslösen, was wiederum zu noch strengerer Kontrolle des Essverhaltens führt. Weil der Körper jedoch bei einer derart gedrosselten Zufuhr an Nährstoffen schon bei geringer Nahrungsaufnahme ein paar Gramm zulegt, ist die nächste Runde im Teufelskreis der Magersucht vorgezeichnet.

Magersucht tritt besonders bei 15- bis 25-jährigen Frauen auf. In dieser Gruppe ist etwa ein Prozent magersüchtig. Wahrscheinlich wird Magersucht durch das Zusammenwirken mehrerer Faktoren ausgelöst. Gesellschaftliche Einflüsse wie ein übertriebenes Schlankheitsideal, das von Werbung und Filmen zusätzlich betont wird, spielen sicherlich eine Rolle – ebenso wie seelische Einflüsse, die Fähigkeit zur Konfliktlösung und psychische Bedingungen in der Familie der Betroffenen. Hinzu kommen möglicherweise auch biologische Ursachen wie zum Beispiel Veranlagungen.

Die Kontrolle über das Körpergewicht vermittelt den Betroffenen offenbar Selbstwertgefühl, Sicherheit und Anerkennung. Magersucht hat einige Aspekte mit anderen Süchten gemeinsam. Dazu zählt der Kontrollverlust, also die Unfähigkeit, mit dem Hungern aufzuhören, fehlende Einsicht in die Erkrankung sowie der Wiederholungszwang und die zunehmende soziale Isolation der Betroffenen.

Im Gegensatz zur Magersucht haben von **Ess-Brech-Sucht** Betroffene in der Regel ein normales Gewicht. Bei dieser Form der Essstörung folgen auf Heißhungerattacken mit Essanfällen und dem Verzehr großer Mengen an Nahrung selbst ausgelöstes Erbrechen oder Missbrauch von Medikamenten, um Gewichtszunahme zu verhindern (Bulimie). Gemeinsam mit der Magersucht ist die extreme Angst vor Gewichtszunahme. Sowohl Magersüchtige als auch Ess-Brech-Süchtige benötigen dringend ärztliche und psychologische Hilfe.

140

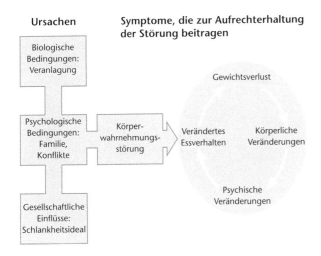

Ursachen | Symptome, die zur Aufrechterhaltung der Störung beitragen

Biologische Bedingungen: Veranlagung

Psychologische Bedingungen: Familie, Konflikte → Körperwahrnehmungsstörung → Verändertes Essverhalten

Gewichtsverlust

Körperliche Veränderungen

Psychische Veränderungen

Gesellschaftliche Einflüsse: Schlankheitsideal

2 *Ursachen und Symptome der Magersucht*

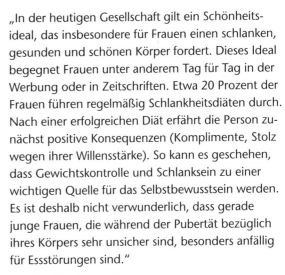

„In der heutigen Gesellschaft gilt ein Schönheitsideal, das insbesondere für Frauen einen schlanken, gesunden und schönen Körper fordert. Dieses Ideal begegnet Frauen unter anderem Tag für Tag in der Werbung oder in Zeitschriften. Etwa 20 Prozent der Frauen führen regelmäßig Schlankheitsdiäten durch. Nach einer erfolgreichen Diät erfährt die Person zunächst positive Konsequenzen (Komplimente, Stolz wegen ihrer Willensstärke). So kann es geschehen, dass Gewichtskontrolle und Schlanksein zu einer wichtigen Quelle für das Selbstbewusstsein werden. Es ist deshalb nicht verwunderlich, dass gerade junge Frauen, die während der Pubertät bezüglich ihres Körpers sehr unsicher sind, besonders anfällig für Essstörungen sind."

3 *Schlankheitsideal*

1 **Ursachen und Symptome der Magersucht.** Erläutere jedes Element der Abbildung 2 mithilfe des Grundwissentextes.

2 **Vergleich von Magersucht und Ess-Brech-Sucht.**
a) Erläutere anhand von Abbildung 4 wesentliche Unterschiede von Magersucht und Ess-Brech-Sucht.
b) Begründe für beide Essstörungen, warum sie als „Sucht" bezeichnet werden können.

3 **Schlankheitsideal.**
a) Erörtert unter Bezug auf Abbildung 2, 3 und 5 die mögliche Bedeutung des gesellschaftlich vorgegebenen Schlankheitsideals für die Entstehung von Essstörungen wie Magersucht und Ess-Brech-Sucht.
b) Diskutiert die Frage, inwiefern Diäten einen Einstieg in die Entwicklung einer Essstörung bedeuten können.

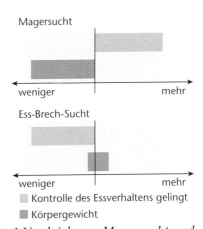

Magersucht

weniger | mehr

Ess-Brech-Sucht

weniger | mehr

■ Kontrolle des Essverhaltens gelingt
■ Körpergewicht

4 *Vergleich von Magersucht und Ess-Brech-Sucht*

5 *Mannequins 1948, 1968, 2005*

8.4 Medikamentenmissbrauch und -abhängigkeit

1 *Mit Medikamenten muss man sehr sorgfältig umgehen*

Einige Informationen, die dem Beipackzettel eines Medikaments zu entnehmen sind:
• Unter den Anwendungsgebieten werden die Krankheiten aufgeführt, gegen die das Medikament wirkt.
• Mit Gegenanzeigen sind Erkrankungen und Umstände gemeint, bei denen das Medikament nicht oder nur mit bestimmten Einschränkungen genommen werden darf.
• Unter Nebenwirkungen sind unerwünschte Wirkungen und Unverträglichkeiten des Medikaments genannt.
• Unter Wechselwirkungen werden Medikamente und bestimmte Stoffe aufgeführt, die die Wirkung des Medikaments beeinflussen, wenn sie gemeinsam eingenommen werden.

2 *Beipackzettel*

Bei vielen Krankheiten werden von der Ärztin oder dem Arzt Medikamente verschrieben. Bei einer Apotheke kann sich der Patient mit dem Rezept des Arztes das Medikament holen. Meistens geben die Fachleute an, wie oft am Tag, zu welcher Tageszeit, in welcher Dosierung und wie viele Tage lang ein Medikament eingenommen werden soll. Außer den verschreibungspflichtigen Medikamenten gibt es solche, die auch ohne Rezept gekauft werden können. In beiden Fällen ist es sehr wichtig, die Vorschriften zur Einnahme zu beachten. Wer Medikamente richtig einnimmt, verträgt sie besser, schont seinen Körper und fördert seine Gesundheit.

Bestimmte Medikamente können zu Sucht und Abhängigkeit führen, wenn sie über einen längeren Zeitraum oder in höherer Dosis eingenommen werden als verordnet. Es handelt sich dabei vor allem um solche Medikamente, die auf das Gehirn und den seelischen Zustand eines Menschen wirken.
Viele Menschen nehmen bei Kopfschmerzen rasch Schmerzmittel. Eine ständige und übermäßige Einnahme von Schmerzmitteln kann aber zu verstärkten und regelmäßig auftretenden Kopfschmerzen führen. Einige der betroffenen Menschen nehmen dann immer mehr Schmerzmittel und geraten so in einen verhängnisvollen Teufelskreis, aus dem sie nur mit Hilfe von Ärzten und durch Tablettenentzug entrinnen können. Schmerzmittel sollten daher nicht mehr als drei Tage hintereinander und nicht häufiger als zehn Tage im Monat eingenommen werden.

142

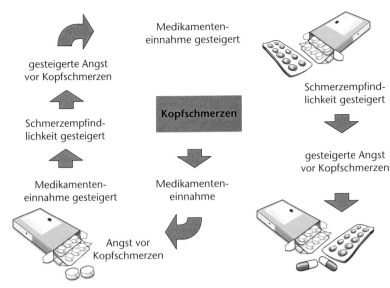

3 *Dauerhafte Kopfschmerzen durch Medikamentenmissbrauch*

1 **Medikamentenmissbrauch – Medikamentenabhängigkeit.**
Unter Medikamentenmissbrauch versteht man eine medizinisch nicht gerechtfertigte und zumeist gesundheitsschädliche Einnahme von Medikamenten. Vor allem wenn Medikamente missbräuchlich eingesetzt werden, um angenehme seelische (psychische) Empfindungen hervorzurufen oder unangenehme Empfindungen zu unterdrücken, kann aus Medikamentenmissbrauch schnell Medikamentenabhängigkeit werden. Beschreibe anhand der Abbildung 3, wie sich aus Medikamentenmissbrauch Medikamentenabhängigkeit entwickeln kann.

2 **Aus Petras Tagebuch – Gesundheitsgefährdung durch Medikamentenmissbrauch?**
a) Wie hätte die Geschichte enden können, wenn Anna nicht angerufen hätte?
Erfinde für diesen Fall Tagebucheinträge für Montag und Dienstag (10. und 11.3.).
b) Diskutiert darüber, ob Petra bereits eine Abhängigkeit (Sucht) entwickelt hat oder nicht. Begründet eure Annahmen.
c) Welche Tipps würdest du Petra geben, damit sie besser mit ihrer Prüfungsangst umgeht?

Mo. 3.3: In den nächsten Tagen schreiben wir zwei Prüfungen. Wie soll ich das nur schaffen? Papa wird sicher wieder böse, wenn es wieder schlechte Noten gibt. Anna und die anderen aus der Klasse lachen mich sicher wieder aus.

Di. 4.3.: Ich lerne schon seit drei Stunden auf die Prüfungen. Ich glaube, ich schaffe es nicht. Ich war unheimlich nervös. Zum Glück haben Mamas Beruhigungstabletten gewirkt.

Mi. 5.3.: Heute kann ich erst abends mit dem Lernen beginnen, weil ich den ganzen Nachmittag Unterricht hatte. Vorsorglich nehme ich auch eine der Tabletten, die mir gestern gegen die Nervosität geholfen haben. Aber ich glaube, die macht müde. Deshalb trinke ich eine große Flasche Cola. Ich gehe erst um 23.00 Uhr ins Bett. Ich kann aber nicht einschlafen.

Do. 6.3: Ich war den ganzen Tag hundemüde. Vormittags wäre ich fast eingeschlafen, am Nachmittag war mein Kopf beim Lernen wie leer.

Fr. 7.3.: Heute haben wir die Englischarbeit geschrieben. Ich glaube, das war gar nicht so schlecht. Ich habe nämlich gleich morgens eine Beruhigungstablette genommen. Das mache ich jetzt immer.

Sa. 8.3.: Endlich Wochenende. Die Matheprüfung am kommenden Dienstag liegt mir schwer im Magen. Die Bruchrechenaufgaben kann ich zwar ganz gut, mit den Textaufgaben kann ich absolut nichts anfangen. Ob ich Anna anrufen soll? Lieber nicht, die lacht mich sicher aus.

So. 9.3.: Heute hat Anna angerufen. Sie hat gefragt, ob ich ihr das Bruchrechnen erklären kann. Wir haben zwei Stunden lang gemeinsam gelernt. Das hat richtig Spaß gemacht. Sie hat mir die Textaufgaben prima erklärt. Danach sind wir spazieren gegangen. Dabei hat sie mir erklärt, wie sie mit ihrer Prüfungsangst umgeht.

4 *Petras Tagebuch*

Zusammenfassung zum Thema „Sucht"

1. Das 4M-Modell beschreibt die Entstehung von Drogensucht als Zusammenwirken von Mensch (Persönlichkeit), Milieu (Umgebung, sozialer Lebensbereich eines Menschen), Markt (Drogenangebot) und Mittel (Wirkungsweise einer Droge). Das Selbstwertgefühl eines Menschen und seine Möglichkeiten, Belastungen zu ertragen, Probleme zu lösen, Gefühle auszudrücken sowie Beziehungen zu anderen Menschen zu knüpfen, sind entscheidende Faktoren, die an der Entwicklung einer Sucht beteiligt sind oder sie verhindern können.

2. Das sogenannte Eisberg-Modell der Drogensucht bezieht sich darauf, dass ähnlich wie bei einem Eisberg nur ein kleiner Teil aus dem Wasser ragt und sichtbar ist, während der größte Teil unter Wasser liegt. Auch bei der Sucht liegen unter den sichtbaren Anzeichen der Sucht ein zunächst unsichtbarer Berg von Problemen.

3. Alkohol wirkt in bestimmten Mengen so auf das Gehirn, dass es zur Enthemmung und Überschätzung der eigenen Fähigkeiten kommt. Aufmerksamkeit, Konzentrationsfähigkeit und Reaktionsgeschwindigkeit werden beeinträchtigt. Das kann im Straßenverkehr zu gefährlichen Situationen führen.

4. Mit Magersucht wird eine krankhafte Essstörung bezeichnet, bei der eine Person an einer Störung der Wahrnehmung des eigenen Körpers leidet. Magersüchtige versuchen so wenig wie möglich zu essen. Außerdem versuchen viele Magersüchtige, einen Gewichtsverlust durch Erbrechen, durch übertriebene körperliche Aktivität oder durch Medikamente wie Appetitzügler und Abführmittel herbeizuführen. Magersüchtige entwickeln eine große Angst, an Gewicht zuzunehmen. Das Vermeiden von Essen, die Kontrolle des Körpergewichts im Grammbereich und die Kontrolle von Hungergefühlen nehmen den zentralen Stellenwert in ihrem täglichen Leben ein. Magersucht ist eine lebensgefährliche Erkrankung und muss von Fachärzten oder Fachärztinnen behandelt werden.

5. Bestimmte Medikamente können zu Sucht und Abhängigkeit führen, wenn sie über einen längeren Zeitraum oder in einer höheren Dosis eingenommen werden als verordnet. Es handelt sich dabei vor allem um solche Medikamente, die auf das Gehirn und den seelischen Zustand eines Menschen wirken. Das können unter anderem Schmerzmittel, Entspannungs- und Beruhigungsmittel oder angstlösende Medikamente sein.

Sucht

Worterklärungen

Aids ist die Abkürzung für **a**cquired **i**mmuno-**d**eficiency **s**yndrome, erworbene Immunschwäche-krankheit. Diese Infektionskrankheit wird durch das humane Immunschwäche-Virus (HIV) hervorgerufen.

Allergie ist eine Überempfindlichkeit des Immunsystems gegen bestimmte Stoffe, die als Antigen wirken. Häufige Allergien sind Pollenallergie, allergischer Hautausschlag und allergisches Asthma.

Angepasstheiten sind Merkmale, mit denen Lebewesen an ihre Umwelt angepasst sind. Angepasstheiten sind im Laufe der Zeit durch natürliche Auslese entstanden und erblich festgelegt.

Antibiotika sind Stoffe, die das Wachstum von Mikroorganismen wie Bakterien hemmen oder sie abtöten. Antibiotika können künstlich hergestellt werden, in der Natur werden sie von Pilzen oder Bakterien produziert.

Antigene sind Oberflächenstoffe von Fremdkörpern oder Erregern, die vom Immunsystem als körperfremd erkannt werden und die eine Immunantwort hervorrufen, bei der Antikörper gebildet werden. Antigene und Antikörper reagieren miteinander nach dem Schlüssel-Schloss-Prinzip.

Antikörper sind Proteine, die von Zellen der spezifischen Immunabwehr gebildet werden und sich gegen Antigene richten. Antikörper und Antigene passen wie Schlüssel und Schloss zusammen.

Bakterien sind mikroskopisch kleine, einzellige Lebewesen. Sie haben eine kugelige, spiralige oder stäbchenförmige Form. Bakterien gehören zur Gruppe der Prokaryoten. Sie haben keinen Zellkern und keine Zellorganellen wie die Eukaryoten. Manche Bakterien sind Krankheitserreger. Die weitaus meisten von ihnen sind wichtige Glieder im Naturhaushalt, zum Beispiel bei der Zersetzung von toten Lebewesen.

Baustoffwechsel ist die Bezeichnung für alle chemischen Reaktionen, die dem Aufbau und der Speicherung von Stoffen in einem Organismus dienen. Die Reaktionen des Baustoffwechsels benötigen Energie.

Befruchtung: Bei der Befruchtung verschmelzen die Zellkerne einer weiblichen Geschlechtszelle (Eizelle) und einer männlichen Geschlechtszelle (Spermazelle). Im deutschen Embryonenschutzgesetz wird die Befruchtung als Beginn eines neuen Menschen betrachtet.

Betriebsstoffwechsel ist die Bezeichnung für den Abbau von energiereichen Stoffen im Organismus. Durch diesen Abbau wird für den Organismus nutzbare Energie bereitgestellt.

Blutgefäße (Adern) werden in Arterien, Venen und Kapillaren unterteilt. Arterien heißen alle Blutgefäße, die Blut vom Herzen wegführen. Die große Körperarterie wird auch als Aorta bezeichnet. Sie führt das Blut aus der linken Herzkammer durch den Körper. Venen sind alle Blutgefäße, die zum Herzen hinführen. Blutkapillaren sind sehr feine Blutgefäße, die Arterien und Venen verbinden.

Chlorophyll heißt der grüne Farbstoff in Blättern. Mithilfe des Chlorophylls können Pflanzen Sonnenlicht absorbieren und die Lichtenergie zum Aufbau von Glucose nutzen.

Chloroplasten sind von einer Doppelmembran umgebene Zellorganellen, die sich in grünen Pflanzenzellen finden. Chloroplasten enthalten den Farbstoff Chlorophyll, mit dessen Hilfe Licht absorbiert und so für die Pflanze nutzbar gemacht wird. In den Chloroplasten findet die Fotosynthese statt.

Drogen sind Stoffe, die auf das zentrale Nervensystem einwirken und Stimmungen, Bewusstsein und Wahrnehmung beeinflussen. Es gibt legale Drogen, wie zum Beispiel Nikotin, Alkohol, Psychopharmaka und illegale Drogen, wie zum Beispiel Heroin.

Embryo ist die Bezeichnung für den heranwachsenden Menschen in der Gebärmutter während der ersten drei Schwangerschaftsmonate.

Empfängnisverhütung: Darunter werden verschiedene Methoden zusammengefasst, die eine Befruchtung oder Schwangerschaft verhindern sollen.

Energieerhaltung: Energie kann weder vernichtet noch neu geschaffen werden. Bei allen Energieumwandlungen bleibt die Energie vollständig erhalten, es ändert sich lediglich die Energieform. Im physikalischen Sinne sind daher solche Begriffe wie „Energieverlust" oder „Energieerzeugung" oder „Energieverbrauch" nicht stimmig – auch wenn sie umgangssprachlich häufig genutzt werden.

Energieformen sind unter anderem chemische Energie (z. B. in Nährstoffen), Strahlungsenergie (z. B. Lichtenergie), potenzielle Energie (Lageenergie), mechanische (Bewegungs-)Energie, elektrische Energie und Wärmeenergie. Eine Energieform kann in eine andere Energieform gewandelt werden. So betrachtet ist der Mensch ein Energiewandler, der chemische Energie aus der Nahrung unter anderem in Bewegungsenergie und Wärmeenergie umwandelt. Eine grüne Pflanze wandelt Strahlungsenergie (Licht) in chemische Energie und Wärme um.

Essstörung: Darunter versteht man krankhaftes Verhalten im Zusammenhang mit der Nahrungsaufnahme beim Menschen. Es gibt suchtartige Erkrankungen, die sich zum Beispiel in Form von Esssucht, Magersucht (Anorexie) und Ess-Brech-Sucht (Bulimie) bemerkbar machen.

Fotosynthese heißt der Vorgang, bei dem Pflanzen aus den energiearmen Stoffen Wasser und Kohlenstoffdioxid mithilfe von Licht den energiereichen organischen Stoff Glucose herstellen. Dabei wird Sauerstoff freigesetzt. Bei der Fotosynthese wird Lichtenergie zum Teil in chemische Energie, zum Teil in Wärme gewandelt. Fotosynthese ist der wichtigste Vorgang zur Bildung von Biomasse.

Gasaustausch heißt der Vorgang bei dem im Bereich der Lungenkapillaren Kohlenstoffdioxid in die Ausatmungsluft abgegeben und Sauerstoff in das Blut aufgenommen wird. Beim Gasaustausch in den Gewebekapillaren gelangt Sauerstoff aus dem Blut in das Gewebe und Kohlenstoffdioxid aus dem Gewebe in das Blut.

Gewebe: Darunter versteht man einen Verband ähnlich gebauter Zellen mit gleichartiger Funktion.

Hormone sind Botenstoffe, die in Hormondrüsen gebildet, an das Blut abgegeben und mit ihm im Körper verteilt werden. Jedes Hormon kann nur auf solche Zielzellen wirken, die nach dem Schlüssel-Schloss-Prinzip passende Rezeptoren besitzen.

Unter Hierarchie des hormonellen Systems versteht man, dass es über- und untergeordnete Hormondrüsen gibt. Hormonsystem und Nervensystem arbeiten eng zusammen.

Immunisierung ist die erworbene Widerstandskraft des Körpers gegen spezielle Krankheitserreger. Bei der aktiven Immunisierung werden abgeschwächte, abgetötete Erreger oder nur Bruchstücke von Erregern geimpft, so dass im Körper eine Immunantwort erfolgt, bei der gegen diese Antigene Gedächtniszellen gebildet werden. Bei der passiven Immunisierung werden erkrankten Menschen Antikörper aus dem Blut zuvor infizierter Tiere geimpft, die sich gegen das Antigen richten.

Immunsystem: Das Immunsystem erkennt Krankheitserreger, die in den Körper eingedrungen sind und bekämpft sie. Zum Immunsystem gehören unter anderem das blutbildende Knochenmark, die Mandeln, die Milz und die Lymphknoten. Die weißen Blutzellen des Blutes bekämpfen Krankheitserreger.

Individuelle Anpassungen an Veränderungen werden im Laufe des individuellen Lebens erworben. Sie werden nicht vererbt. Ein Beispiel für individuelle Anpassung ist die Auswirkung regelmäßigen körperlichen Trainings auf Herzmuskel, Atmung und Muskulatur.

Infektionskrankheiten sind Krankheiten, die durch das Eindringen bestimmter Viren, Bakterien, Pilze oder anderer Mikroorganismen in den Körper hervorgerufen werden.

Menstruation: Bei der Menstruation tritt eine kleine Menge blutige Flüssigkeit aus der Gebärmutter durch die Scheide aus. Die Menstruation wiederholt sich ungefähr alle vier Wochen und wird daher auch als Regel oder Periode bezeichnet. Eine Menstruation dauert etwa drei bis fünf Tage.

Mitochondrien sind von einer Doppelmembran umgebene Zellorganellen, in denen wichtige Schritte der Zellatmung stattfinden. Mitochondrien werden daher bildhaft auch als „Kraftwerke der Zelle" bezeichnet.

Nährstoffe sind energiereiche Verbindungen, die man in drei Gruppen unterteilt: Kohlenhydrate,

Fette und Eiweiße. Die Aufnahme von Nährstoffen mit der Nahrung ist Voraussetzung für den Betriebs- und Baustoffwechsel. Nährstoffe liefern die Energie für die Aufrechterhaltung der Lebensvorgänge, zum Beispiel für Bewegungen und Körpertemperatur.

Oberflächenvergrößerung: Lebewesen nehmen Stoffe aus der Umgebung auf. Je größer die Oberfläche ist, an der die Stoffaufnahme stattfindet, desto größer kann die Menge an Stoffen sein, die über diese Oberfläche aufgenommen wird. Manche Strukturen von Lebewesen, wie zum Beispiel die Wurzelhaare bei Pflanzen oder die Lungenbläschen der Lunge bilden eine riesige Oberfläche.

Organ ist ein Zusammenschluss von Geweben, die eine oder mehrere Aufgaben gemeinsam erfüllen.

Organsystem: Mehrere Organe erfüllen gemeinsam eine Aufgabe, zum Beispiel bei der Verdauung.

Parasitismus liegt vor, wenn sich ein Lebewesen einer Art, der Parasit, einseitig auf Kosten einer anderen Art, dem Wirt, ernährt. Der Wirt ermöglicht dem Parasiten zu überleben und sich fortzupflanzen. Bei dieser Form der Wechselwirkung hat der Wirt Nachteile, wird aber meistens vom Parasiten nicht getötet.

Proteine: Jeder Organismus enthält viele tausend verschiedene Proteine mit jeweils unterschiedlicher Größe, Form und Aufgabe. Proteine sind maßgeblich an der Ausbildung erblicher Merkmale beteiligt. Proteine sind ein wichtiger Nahrungsbestandteil.

Reproduktion ist ein Fachbegriff für Fortpflanzung.

Resistenz liegt bei Bakterien vor, wenn sie durch Antibiotika nicht in ihrem Wachstum gehemmt werden. Man spricht in diesem Zusammenhang von resistenten Bakterienstämmen.

Resorption heißt der Vorgang, bei dem durch Verdauung entstandene kleine Moleküle des Kohlenhydrat- und des Eiweißabbaus vom Dünndarm in das Blut und die Moleküle des Fettabbaus in die Lymphe gelangen.

Risiko bezeichnet die Wahrscheinlichkeit, mit der ein als negativ bewertetes Ereignis eintritt. In der Medizin sind Risikofaktoren alle Bedingungen, die die Wahrscheinlichkeit für eine Erkrankung erhöhen.

Schlüssel-Schloss-Prinzip meint allgemein, dass zwei Strukturen zueinander wie Schlüssel und Schloss passen. Antigen-Antikörper-Reaktionen sind Beispiele für das Schlüssel-Schloss-Prinzip.

Sexualität ist ein Begriff für seelische und körperliche Vorgänge, die mit der Geschlechtlichkeit eines Menschen zu tun haben, also mit dem Mann-Sein und Frau-Sein. Während bei vielen Tieren das Sexualverhalten allein auf die Fortpflanzung ausgerichtet ist, kommen beim Menschen weitere Bedeutungen hinzu. So dient Sexualität beim Menschen auch dem Gefühl der Zusammengehörigkeit und Verbundenheit der Partner und dem Erleben von Lust und Sinnlichkeit. Sich lieben, sich verstehen, vertraut sein, sich achten und aufeinander Rücksicht nehmen sind bei den meisten Menschen Voraussetzungen für sexuellen Kontakt.

Stoffwechsel ist ein Fachbegriff, mit dem alle Vorgänge bei der Aufnahme, beim Umbau und beim Ausscheiden von Stoffen bezeichnet werden. Mit Baustoffwechsel werden die chemischen Reaktionen bezeichnet, die dem Aufbau und der Speicherung von Stoffen in einem Organismus dienen. Im Betriebsstoffwechsel werden dagegen Stoffe abgebaut. Dadurch wird unter anderem Energie bereitgestellt. Bau- und Betriebsstoffwechsel sind in einem Organismus eng miteinander verzahnt.

Sucht bezeichnet den Zustand eines Menschen, in dem er kaum oder gar nicht fähig ist, auf Drogen oder bestimmte Verhaltensweisen zu verzichten.

System: Ein System besteht aus mehreren Teilen. Zwischen den Teilen eines Systems gibt es Beziehungen und Wechselwirkungen. Meistens arbeiten die Teile eines Systems zusammen. Biologische Systeme können unterschiedlich groß sein: Die ganze Erde, ein bestimmter Lebensraum, ein Lebewesen mit seinen Organen oder ein Organ eines Lebewesens sind Systeme.

Verdauung ist der Abbau von Nährstoffen in kleine Moleküle. Dabei werden z. B. Kohlenhydrate zu Einfachzuckern wie Glucose.

Viren sind sehr klein. Sie können sich nicht selbstständig vermehren, sondern sind auf Wirtszellen angewiesen. Einige Viren sind Krankheitserreger.

Wärme ist eine Form von Energie, die kein Lebewesen in eine andere Energieform wandeln kann. Deshalb ist Wärme von Lebewesen nicht weiter nutzbar. Wenn nutzbare Energie in nicht mehr nutzbare Energie gewandelt wird, spricht man von Energieentwertung. Vor allem durch Wärmeverluste bei der Atmung verlieren Lebewesen nutzbare chemische Energie.

Zellatmung ist der schrittweise Abbau des energiereichen organischen Stoffes Glucose zu den energiearmen Stoffen Kohlenstoffdioxid und Wasser. Dabei wird Sauerstoff benötigt. Energie aus der Zellatmung ist Grundlage aller Lebensvorgänge von Pflanzen, Tieren, Menschen und anderen Lebewesen. Bei der Zellatmung wird ein beträchtlicher Teil der chemischen Energie in Wärme gewandelt.

Zelldifferenzierung heißt der Vorgang, bei dem Zellen zu spezialisierten Zellen mit besonderer Struktur und Funktion werden. Muskelzellen, Nervenzellen, weiße Blutzellen und Leberzellen sind Beispiele für spezialisierte Zellen. Zelldifferenzierung kommt nur bei Vielzellern vor. Bei ihnen findet zwischen den spezialisierten Zellen Arbeitsteilung statt.

Zellen sind die kleinsten lebens- und vermehrungsfähigen Einheiten. Alle Zellen gehen durch Teilung aus anderen Zellen hervor, verfügen über Erbinformation in Form von DNA und benötigen Energie für ihre Lebensprozesse. Zellen sind von einer Membran umgeben, durch die Stoffe aufgenommen und abgegeben werden. Pflanzenzellen haben eine Zellwand aus Zellulose. Grüne Pflanzenzellen enthalten Chloroplasten, in denen Fotosynthese stattfindet.

Zellkern: Der Zellkern ist von einer Kernmembran umgeben. In ihm befinden sich die Chromosomen mit den Erbinformationen. Der Zellkern steuert die wesentlichen Prozesse in der Zelle.

Zellorganellen sind durch Membranen abgetrennte Reaktionsräume in Zellen. Durch diese Aufteilung wird gewährleistet, dass verschiedene Stoffwechselvorgänge gleichzeitig nebeneinander in einer Zelle ablaufen können und sich nicht gegenseitig stören. Beispiele für Zellorganellen sind Zellkern, Endoplasmatisches Retikulum, Mitochondrien und Chloroplasten.

Zygote ist die befruchtete Eizelle.

Verzeichnis der Methoden

Stichwortverzeichnis

Bildquellennachweis

akg, Berlin: 122.1 o.,122.1 u.; Uwe Anders, Destedt: 10.1, 24.1, 29.3, 33.1, 61.3, 73.7; Toni Angermayer, Holzkirchen: 51.4 b; AP Photo, New York: 141.5a,141.5b; Arco Images, Lünen: 16.1a (NPL), 16.1b (NPL), 16.1c (NPL), 16.1d (NPL); Argum, München: 45.4 (Thomas Einberger); Astrofoto B. Koch, Sörth: 31.4,72.2; Baxter Deutschland GmbH, Heidelberg: 129.3 l.,129.3 r.; BayWa AG, München: 10.5,31.5,33.5; Bonnier Alba AG, Stockholm: 18.1.3 (Lennart Nilsson),19.1.4 (Lennart Nilsson),19.1.5 (Lennart Nilsson),19.1.6 (Lennart Nilsson),54.1 Mi. (Lennart Nilsson); bpk, Berlin: 111.5; Corbis, Düsseldorf: 3.2,26.1.1 (Ocean); Agentur Focus, Hamburg: 6.1 (eye of science), 26.1.2 (eye of science), 26.1.3 (eye of science), 26.1.4 (eye of science), 34.3, 34.5, 51.2 a, 51.2 b, 54.1 Hintergrund (Oliver Meckes/eye of science), 54.1 li. (Oliver Meckes/eye of science), 54.1 re. (SPL), 70.1, 75.4 a (SPL), 75.4 b (SPL), 78.3 (Steve Gschmeissner), 79.7, 83.3, 83.5, 102.1, 126.2 (Meckes/Ottawa/eye of science), 128.1 a (eye of science), 128.1 b (Volker Steger/SPL); Deutsche Diabetesstiftung, Martinsried: 68.1d; Deutsches Museum, München, aus: Buch des Monats, 3/2000: 44.1; DRK-Blutspendedienst West: 55.5; ESC - European Society of Cardiology: 69.4 (Adapted by Keil U., Fitzgerald T., Gohlke H., Wellmann J. and Hense H.W. from the European Guidelines on CVD Prevention. Third Joint European Societies' Task Force on Cardiovascular Disease Prevention in Clinical Practice. De Backer G., Ambrosioni E., Borch-Johnsen K. et al. European Journal of Cardiovascular Prevention and Rehabilitation 2003; 10(Suppl 1): S1-S78. Reproduced with permission of ESC. © 2003 ESC); Michael Fabian, Hannover: 3.3,38.1; Floramedia Service, Vaduz: 3.1,13.3 b,15.4 (A. Jung); Getty Images, München: 6.2 (Bongarts); Walter Hauenstein, Schweiz: 25.6 a, 25.6 b, 63.4a; Dr. Thomas Huk, Braunschweig: 109.7,112.1,130.7; Hygiene Institut d. Universität Heidelberg: 108.4 (Prof. Dr. Dr. H.-G. Sonntag),130.4 (Prof. Dr. Dr. H.-G. Sonntag); imago, Berlin: 16.1e (Photoshot/ Evolve); Insel Verlag, Frankfurt, aus: Weber-Kellermann: „Die Kindheit": 108.3,130.3; Institut für wissenschaftliche Fotografie Kage, Lauterstein: 13.2, 13.3 c, 112.2, 112.3; Institut für Zoologie der Universität Berlin: 20.1 (Prof. Dr. K. Hausmann, Berlin); Juniors Bildarchiv, Ruhpolding: 117.2 a; kes-online, München: 127.4 (Prof. Füeßl); Klaus G. Kohn, Braunschweig: 7.2, 7.3, 10.2, 24.2 a, 33.2, 34.2, 34.6, 45.3, 46.1, 47.3, 49.3 a, 49.3 b, 57.4, 64.1, 69.2, 73.4, 83.2, 83.6, 84.3, 84.4, 98.1.1, 98.1.2, 98.1.3, 105.2, 107.3, 107.4, 132.1, 132.2, 132.3, 132.4, 132.5, 132.6, 142.1, 145.1, 145.2, 145.3, 145.4, 145.5, 145.6; Michael Kottmeier, Hamburg: 10.6,33.6; Daniela Kühne, Reutlingen: 140.1; Lavendelfoto, Hamburg: 9.1 (Gerhard Höfer); Lieder, Ludwigsburg: 18.1.1,18.1.2; Mauritius, Mittenwald: 10.4 (Layer), 28.1 c (Layer), 28.1 d (Theissen), 28.1 f (PictureArts), 28.1 g (Chassot), 28.1 h, 33.4 (Layer), 34.1 (Foodpix), 34.4 (Phototake), 36.1 (age fotostock), 41.5 (Foodpix), 60.1 (Phototake), 68.1c (Rutz), 78.1 (Rynio), 83.1 (Foodpix), 83.4 (Phototake), 102.2 (Phototake), 110.1 l., 110.1 r. (Phototake); Max-Planck-Insititut für Dynamik und Selbstorganisation, Göttingen: 108.1,130.1; media-

colors, Zürich: 128.1 c (dia); NASA, Washington: 30.1 (Gene Feldmann); www.naturbildportal.de: 16.1f (Manfred Ruckszio); Okapia, Frankfurt: 5.1 (Manfred P. Kage), 28.1 a, 31.3 (Manfred Danegger), 35.7, 51.4 d (Hans Reinhard), 83.7, 84.2 (NAS/David M. Phillips), 88.3 (NAS/ David M. Phillips), 102.3 (Dan McCoy/Rainbow), 107.2 (NAS/David M. Phillips), 108.2 (Georgia/PR Science Source), 110.1 M. (NAS/Blair Seitz), 117.2 b (Manfred P. Kage), 117.2 c (Dr. Gary Gaugler), 120.1 (Manfred P. Kage), 120.2 (Manfred P. Kage), 130.2 (Georgia/PR Science Source); picture-alliance, Frankfurt: 126.1 (Hans Reinhard/ Okapia); Fotografie Rixe, Braunschweig: 24.2 b, 98.1.4, Gesamtverband d. dt. Steinkohlebergbaus, Essen: 31.6; Stephan Ryffel, Winterthur: 51.4 a; Bildagentur Schapowalow, Hamburg: 85.1 (Zoellner),107.5 (Zoellner); Wolfgang Schulenberg, Vechta: 4.2, 7.4, 84.1, 91.3, 107.1; Stoppel: 17.1; Südzucker, Mannheim: 28.1 b (Wilhelm Dürr); Thieme Verlag, Stuttgart: 7.1,10.3, 12.1, 13.3 a, 27.2 a, 27.2 b, 33.3; TopicMedia, Ottobrunn: 28.1 i (Frank Hecker); Ullstein, Berlin: 5.2,141.5c; Visuals Unlimited: 4.1 (Ralph Hutchings),76.1 a (Ralph Hutchings); www.mpin-koeln: 66.1; Your Photo Today, Taufkirchen: 28.1 e (Superbild/NumberThree co. Ltd.),66.2 (Superbild/B.S.I.P.),68.1a (Superbild/Orédia Photothéque),68.1b (Superbild/B.S.I.P.).

Umschlag:
Peter Muller Fotografie & Tekst, den Haag;

Grafiken:
Julius Ecke, www.naturstudiendesign.de: 12.1, 13.2, 13.3, 13.4, 14.1, 16.2, 17.2, 17.3, 18.1.1, 18.1.2, 18.1.3, 19.1.4, 19.1.5, 19.1.6, 18.2, 21.2, 21.3, 21.4, 21.5, 21.6, 21.7, 27.4, 36.2, 37.3, 37.4, 39.2, 39.3, 39.4, 39.5, 41.6, 48.1, 48.2, 49.4, 50.1, 51.4 c, 54.2, 55.3, 55.4, 56.1, 56.2, 57.3, 61.2, 61.4, 62.1, 62.2, 62.3, 63.4b, 63.5, 67.3, 70.2, 71.3, 71.5, 73.3, 73.6, 74.1 a, 74.1 b, 74.2, 75.3, 76.1 b, 77.2, 77.3, 78.2, 79.5, 80.1, 81.2, 86.1, 87.2, 87.3, 88.1, 88.2, 90.1, 90.2, 92.1, 93.2, 93.3, 93.4, 94.1, 95.2, 95.3, 96.1, 97.3, 99.2, 109.5, 110.2, 113.5, 114.1, 114.2, 115.5, 118.1, 119.2, 119.3, 121.3, 121.7, 122.2, 123.3, 124.1, 125.4, 127.3, 130.5, 139.2, 141.2, 141.4, 143.3; Christine Henkel, Dahmen: 22.1, 22.2, 40.1, 40.2, 51.3, 60.1, 81.4; Satz und Grafik Partner, Walter Laß, Meitingen: 28.1, 52/53., 65.4, 67.4, 105.3; Schwanke & Raasch, Hannover: 23.3, 29.2, 43.1, 43.2, 64.2, 109.6, 130.6.